日本語プロフィシェンシー研究

Journal of the Japanese Association of Language Proficiency

第11号
2023.8

日本語プロフィシェンシー研究学会
Japanese Association of Language Proficiency

JN118719

にほんごの
凡人社
BONJINSHA

日本語プロフィシェンシー研究　第11号

目次

特集　日本語を読み解く力のために

まえがき

学会誌編集委員会

　当学会誌は 2013 年に第 1 号が発行されてから今年で丁度 10 年になります。最初の 10 年を第 1 期とすれば、11 年目に入る 2023 年は第 2 期の最初の年であり、この節目となる年の第 11 号から特集を定期的に組むことになりました。

　特集自体は 2014 年発行の第 2 号において「地域日本語教育とプロフィシェンシー」というテーマで一度組まれていますが、それ以降は組まれていません。本号から定期的に特集を組むことになったのには、主に二つの理由があります。

　一つは、編集・発行上の理由です。毎号投稿論文の数に増減があるのは当然ですが、近年その増減の差が大きくなり、ページ数の増減が目立つようになりました。同じ年会費でありながら年度によって大きく分量が異なるのは好ましくないのではないかとの声もありました。そこで、定期的に特集を組むことで一定の本数を確保することにしました。

　もう一つは、内容上の理由です。投稿論文だけだと、どうしてもテーマにばらつきが出てしまいます。加えて、プロフィシェンシーという概念がより広く捉えられるようになった現在、これまであまり取り上げられてこなかった領域やテーマ、または先駆的な研究を反映したテーマの特集を組むことで、より魅力的な内容の学会誌にできればと考えました。

　そして、第 11 号では読解を取り上げることにし、テーマを「日本語を読み解く力のために」としました。読めるとは、読んでわかるとは、どういうことでしょうか。いわゆる 4 技能のうちでも、話す力と書く力の産出面の技能は観察可能でありデータ化しやすいのに対し、聞く力と読む力の受容面の技能は直接観察できない分、その理解には他の技能も関わってきます。たとえば、読む力の場合、話したり書いたり聞いたりすることで確認できるといってもいいのではないでしょうか。これまでの第二言語教育でも、イマージョン教育、内容中心の教育、4 技能統合型の指導、等々、他技能との関わりのなかで読む力を育もうとする取り組みがあります。また、読みは音形ではなく字形を介しての理解であるだけに、他技能に比べ学習者にはより能動的な取り組みが求められます。読む力は、受容面の力といっても決して受け身的ではなく能動的な力です。このことは本特集の各論考からも見えてくるのではな

いでしょうか。

　今回の特集には 4 名の方々の論考が含まれます。いずれもそれぞれの現場で実際に読みの指導をされているか、またはこれまで指導をされてきた、実践を踏まえた研究に取り組まれている方々です。

　新井氏は、"flow" という概念を用い、多読の習慣づけと読解力の向上のためには無我夢中になれる読書体験が重要であることを説き、難易度や動機づけを考慮した材料選びやフィードバックの役割を考察されています。

　纐纈氏は、大学での多読の実践例を通し読む楽しさのために考察すべき点を挙げられています。たとえば、学習者自身が材料を選べることなど、学習者の自律性が重要であることやセルフアクセスセンターの考え方につながるアイデアを提示されています。また、多読におけるフィードバックのあり方にも言及されています。先の新井氏とこの纐纈氏の論文を合わせて読めば、多読活動をより深く理解し実践に生かせるのではないでしょうか。

　熊谷氏は、読むという行為は社会的な活動であると位置づけ、単に書かれたことを文字通り理解するだけでは不十分であり、テクストの書き手や書かれた背景等も理解し、批判的に読むことの重要性を説き、そのための実践例や教材例を挙げられています。また、批判的に読む活動における評価（アセスメント）の具体例も紹介されています。何のために読むのかという問題提起にもなっている論考です。

　脇田氏は、大学の日本語専門書読解のクラスにおいて図書館の電子書籍を利用し、その活動に専門書を読む技術の指導と協同学習（ピアグループによる書籍の選択やブックトーク等）を取り入れ、その成果をアンケート調査の結果に基づきまとめられています。デジタル時代の現在、このような活動のニーズは今後益々高まるのではないでしょうか。

　なお、当学会誌の執筆要項には使用言語として日本語または英語と書かれていますが、これまで本文が英語で書かれたことはなく、本号の新井氏の論考が初めてです。これを機に今後英語での投稿・寄稿も増え、グローバルな学会誌への第一歩となることを願っています。

　最後に、特集への寄稿依頼に快く応じてくださった執筆者の皆さまには、改めて心より厚くお礼申し上げます。

（文責　浜田盛男）

Reading with the flow

Perceived text difficulty and motivation to read in L2 Japanese

Yuya Arai (Waseda University)

Abstract

While the importance of print exposure has been emphasized in first, second, and foreign language reading, little is still known concerning how to help language learners develop reading habits. The present paper argues that flow experiences (Csikszentmihalyi, 1975/2000), which were originally proposed in the field of positive psychology, could play an important role in encouraging language learners to read extensively as well as to develop their reading proficiency through a large amount of print exposure. The goals of this paper are to identify the characteristics of flow experiences and discuss their relationship to reading in Japanese as a second or foreign language mainly from the perspectives of perceived text difficulty and reading motivation. Based on the discussion, implications for further research and practice in the classroom will also be provided.

Keywords: flow theory, perceived text difficulty, reading motivation, Japanese as a second/foreign language

フローを体験しながら読む
―日本語学習者が感じる文章難易度とリーディングへの動機づけ―

新井雄也 (早稲田大学)

要旨

リーディング研究・指導においては、第一言語・第二言語・外国語を問わず文章を大量に読むことの重要性が強調されており、リーディングプロフィシェンシーの向上をはじめ語彙・文法知識を含む言語学習への効果、リーディングに対する動機づけの向上などが報告されている。その一方で、言語学習者がリーディングを習慣

づけるために指導者はどのようなことができるのか、その知見は未だに少ないといえる。本論文では、ポジティブ心理学ではじめに提唱されたフロー体験 (Csikszentmihalyi, 1975/2000) が、多読の習慣づけおよびそれによるリーディングプロフィシェンシーの向上に重要な役割を果たすと主張する。本論文の目的は、フロー体験の特徴および生起条件をまとめ、それらが特に第二言語・外国語としての日本語におけるリーディングとどのような関わりがあるかについて、とりわけ学習者の感じる文章の難易度とリーディングに対する動機づけの観点から議論することである。そうした議論に基づき、今後の研究や教室における指導への示唆を得る。本研究では特にフロー理論の観点から、日本語学習者のリーディング指導や漢字学習においてフローを体験するために、学習者の感じる難易度と動機づけを考慮する必要性や、興味や動機づけを活用することの大切さを指摘する。また日本語学習者がフローを体験し続けるために指導の果たすべき役割を明確にし、その例としてフィードバックの重要性を取り上げる。

キーワード：フロー理論、学習者の感じる難易度、リーディングに対する動機づけ、第二言語／外国語としての日本語

1. Introduction

The development of reading proficiency is encouraged by a large amount of print exposure, as suggested by first language (L1) reading (e.g., Mol & Bus, 2011) and second and foreign language (L2) Japanese reading research (e.g., Hitosugi & Day, 2004; Leung, 2002; Peterson, 2022). For the purpose of print exposure, it is necessary for language learners to be motivated to read extensively. de Burgh-Hirabe and Feryok (2013), for example, proposed a model of reading motivation in L2 Japanese, where motivation enables learners to keep reading. However, motivation is not always long-lasting. For language learners to be exposed to a large number of reading texts, they should keep motivated, which would be possible by means of the development of reading habits. Reading habits could be an important goal of reading instruction that enables language learners to be engaged with autonomous learning beyond the classroom. Meanwhile, the reading research field has suffered from the lack of a theoretical discussion as to how and why learners can keep motivated and develop reading habits, as well as how and why reading motivation and habit contribute to the development of reading proficiency.

With the above as the background, this paper aims to discuss the ways of developing reading habits that lead to the development of L2 Japanese reading proficiency from the perspective of the flow theory proposed by Csikszentmihalyi (1975/2000) in the field of positive psychology. To this end, Section 2 first presents the characteristics of flow experiences, where intrinsic motivation is an important aspect of flow. The section also identifies some antecedents of flow experiences (i.e., flow-generating conditions), where the importance of the balance between perceived difficulty and skills is emphasized as a reason why flow experiences will contribute to learning. Based on the discussion in the section, Section 3 aims to apply the flow theory to L2 Japanese reading instruction and impart some pedagogical implications. Section 4 summarizes the discussion and provides a conclusion.

2. Flow Theory

The flow theory was first proposed by Csikszentmihalyi (1975/2000) to understand some painters he interviewed, who were motivated and concentrated so intensely that hunger, fatigue, or discomfort could not prevent them from being absorbed in painting. He hypothesized that they were experiencing flow, which would lead to enjoyment and happiness and improve the quality of life. Flow can be defined as a subjective experience "in which people are so involved in an activity that nothing else seems to matter; the experience itself is so enjoyable that people will do it even at great cost, for the sheer sake of doing it" (Csikszentmihalyi, 1990, 4). The important characteristics of flow experiences could be summarized by the following four aspects (see also Nakamura & Csikszentmihalyi, 2021). First, the person in the flow state will report intense concentration on the task that they are doing. As a result, second, they will experience a loss of self-awareness and feel that they are merged with their action. Yamamoto (2011) pointed out that this experience would be closely related to the L2 readers' feeling that they are absorbed in the world of the story. Third, those experiencing flow often feel that time has passed so quickly. Finally, they are intrinsically motivated, as represented by the painters Csikszentmihalyi interviewed.

The flow theory also suggests the following three conditions that generate flow:

clear goals, immediate feedback, and the balance between perceived task challenge and perceived skill. Among others, the last one, i.e., the challenge-skill (C-S) balance, has been paid much attention to because it is "the fundamental characteristics of an enjoyable activity" and "a central element of flow theory" (Csikszentmihalyi, 1975/2000, xvi). The flow theory argues that flow is experienced when both perceived task challenge and skill are high (i.e., high challenge and high skill). When the former exceeds the latter (i.e., high challenge and low skill), people will experience anxiety. When the latter exceeds the former (i.e., low challenge and high skill), they will experience boredom. When both are low (i.e., low challenge and low skill), apathy will be experienced. As reviewed earlier, flow is an intrinsically motivating experience, meaning that people want to keep experiencing flow. Therefore, when they begin to experience boredom during a task, they will move on to another task that is slightly more difficult than the previous one because they want to enter the flow state again. Soon their skill will exceed the task again, moving on to more difficult ones. In other words, keeping experiencing flow is hypothesized to contribute to the mastery of the skill because the person becomes more skilled as the tasks become more difficult. The C-S balance is thus believed to be the reason "why flow leads to personal growth" and "acts as a magnet for learning" (Csikszentmihalyi, 1997, 32-33).

Taken together, flow can be characterized as an intrinsically motivating experience with intense concentration on the task at hand, which encourages the subjective feeling of a loss of self-awareness and time distortion. It is generated when there is a clear goal and feedback, and when task challenge and person skill strike a balance (i.e., the C-S balance). Because of the C-S balance, flow experiences have been considered as important for the mastery of learning and skill acquisition.

Reading is an oft-cited example of flow-generating activities (Csikszentmihalyi, 2014; Grabe & Yamashita, 2022). In L1 reading, for example, McQuillan and Conde (1996) empirically found that reading for pleasure generated flow. In L2 reading, Grabe and Yamashita pointed out that flow experiences can be "a strong rationale for promoting extensive reading" (231), although little research empirically examined flow experiences in L2 reading (see Arai, 2022a; Kirchhoff, 2013, for exceptions). Kirchhoff found that

Japanese learners of L2 English experienced flow through a one-semester-long extensive reading program. Arai also examined Japanese university students' flow experiences in an extensive reading practice in L2 English. However, little is still known concerning flow experiences, especially in researching and teaching L2 Japanese reading. Given the importance of flow experiences in L2 reading, further discussions should be encouraged concerning to what extent the flow theory could play an important role in L2 Japanese reading instruction and research.

3. Applying Flow Theory to L2 Japanese Reading Instruction

3.1. L2 Japanese Motivation for *Kanji* Learning and Reading

As reviewed so far, flow is an intrinsically motivating experience that contributes to the mastery of learning. Similarly, the relationship between motivation and language learning has been examined by a great number of research on L2 motivation. However, Ushioda and Dörnyei (2017) pointed out that the preponderance of L2 motivation research has targeted learners of English, emphasizing the necessity of exploring motivation to learn other languages than English.

Examining motivation to learn L2 Japanese would make a unique contribution to L2 motivation research in that the Japanese culture as represented by *anime* and *manga* has been frequently documented as a major factor in motivating learners of L2 Japanese (e.g., de Burgh-Hirabe, 2019; Teo et al., 2019, the Japan Foundation, 2020), while some learners of Japanese are also motivated for the purpose of employment (i.e., instrumental motivation, see also Wharton, 2005). Meanwhile, previous studies have also shown that they can be demotivated as well (Kondo-Brown, 2013; Northwood & Thomson, 2012). Among others, it is well documented that the difficulty of learning *kanji* (Chinese characters) has negative effects on learners' motivation, self-regulation, and emotion (Rose, 2017; Rose & Harbon, 2013). It is also noted that reading could be a demotivating task mainly due to the negative perceptions of *kanji* (Hamada & Grafström, 2014).

The complicated writing system of the Japanese language generally comprises the following three scripts: *kanji* (morphographic), *hiragana* and *katakana* (syllabic), and *romaji* (alphabetic) (for more detailed information on the Japanese language and its relationship to reading, see Koda, 2017). Among others, *kanji* learning is quite difficult for learners of Japanese, especially for those with L1 alphabetic backgrounds, due to the large number of *kanji* that should be learned as well as its deep orthography (i.e., irregular relationships among symbols, readings [both *on* Chinese and *kun* Japanese readings], and meanings). Some previous studies (e.g., Chikamatsu, 1996; Matsumoto, 2013; Mori, 1998) examined learners of Japanese with various L1 backgrounds and found that those with L1 logographic backgrounds (e.g., Chinese) were likelier to make the most of their strategies to visually decode L2 *kanji* than those with L1 alphabetic ones (e.g., English). However, this does not mean that it is always easy for L1 Chinese learners of Japanese to be able to read in L2 Japanese. As Hatasa (1992, 74) pointed out, "relying on knowledge of Chinese characters may be effective only at the initial stage of learning to read" in L2 Japanese, illuminating the necessity of other aspects of linguistic knowledge and skills (e.g., depth of vocabulary knowledge and syntactic knowledge; see also Horiba, 2012; Koda, 1993).

The knowledge and use of *kanji* should be paid special attention to when it comes to reading in L2 Japanese. Previous reading research has suggested that, among various components that can contribute to reading (e.g., syntactic processing, linguistic comprehension skills) (Carr & Levy, 1990), word recognition for the lower-level reading processes is indispensable for second language reading (see Nassaji, 2014). It is fair to say that the knowledge and use of *kanji* is only one but unique factor affecting reading in L2 Japanese, especially for the readers with L1 alphabetic backgrounds as reviewed above (e.g., Chikamatsu, 1996; Matsumoto, 2013; Mori, 1998). Despite the difficulty of *kanji* learning, *kanji* "still remain[s] the backbone of the Japanese writing system today" (Rose, 2017, 19) and is important for reading (e.g., Everson, 2011; Mori, 2014). As Mori put it, "since *kanji* words constitute a crucial part of Japanese written vocabulary, the acquisition of efficient *kanji* processing skills" is inevitable (404).

Taken together, it could be noted that while many learners of L2 Japanese are motivated to learn with their interest in the Japanese culture, it is not unusual for them to be demotivated. The difficulty of learning *kanji* is one of the demotivating factors that are well-documented in previous studies (e.g., Rose & Harbon, 2013) despite the importance of *kanji* knowledge for reading in Japanese. As Kondo-Brown (2006) suggested, *kanji* knowledge is closely related to motivation to read in L2 Japanese. It may be possible that, if the difficulty of learning *kanji* discourages learners from acquiring *kanji* knowledge, they will not be motivated to read in L2 Japanese. As a result, the limited exposure to print in L2 Japanese would in turn result in the lack of chances for them to acquire *kanji* knowledge while reading. For them, reading is not a flow-generating activity that contributes to the development of reading habits.

3.2. Perceived Text Difficulty and Motivation: Pedagogical Implications

To address the problems referred to above, this section aims to discuss how L2 Japanese reading instruction can help learners experience flow that would contribute to the development of L2 Japanese reading proficiency from the following three perspectives: (1) the importance of the C-S balance; (2) the necessity of making use of learner interest; and (3) learning-oriented feedback.

First, as reviewed in Section 2, flow can be experienced when perceived challenges and skill strike a balance (i.e., the C-S balance). If the former exceeds the latter, learners will experience anxiety, as represented by the relationship between the perceived difficulty of *kanji* learning and low motivation for reading in L2 Japanese (Kondo-Brown, 2006). Negative emotions including stress caused by anxiety would also be an impediment to reading comprehension (e.g., Rai et al., 2015). Saito et al. (1999) examined reading anxiety perceived by learners of L2 Japanese, Russian, and French and found that the learners of Japanese reported high reading anxiety compared to those of the other languages. Saito et al. attributed this result to the Japanese complex writing system. This study could be important in that reading in L2 Japanese could be more difficult and anxiety-provoking than in other L2s, making it necessary for language teachers to pay special attention to the C-S balance. Because of the difference between learner and teacher perceptions of text difficulty (Arai, 2022b), teachers need to understand how learners would perceive text difficulty when preparing reading material. It may also be important to encourage learners to choose what they want to read by themselves.

Reading with self-selected material could encourage learners to find their own best C-S balances and flow experiences (Arai, 2022a), which would play an important role in the transformation from extrinsic to intrinsic reading motivation (Mori, 2015). Furthermore, as Kondo-Brown suggested, reading material can be developed with the use of *kanji* carefully controlled. The writers and publishers of such reading material could make use of readers' perspectives, or how learners perceive text difficulty, in the development of such reading material. Meanwhile, teachers can help learners find suitable reading material (e.g., graded readers, or books written for L2 Japanese learners).

The importance of the C-S balance also applies to *kanji* learning, which is important for reading comprehension but often perceived as demotivating, despite Tanaka's (2013) suggestion that intrinsic motivation could be important for learning *kanji*. Although many teachers and learners tend to consider rote learning as effective in learning *kanji* (Mori & Shimizu, 2007; Shimizu & Green, 2003), it could be demotivating to focus heavily on "rote memorization of vocabulary, and a lack of practical application" (Falout et al., 2009, 405). As Engeser et al. (2021, 4) pointed out, "when someone performs a very simple, routine task," they are likely to be "rather bored than in flow." In other words, it is the task, instead of *kanji* learning itself, that could have a negative impact on the learner perception of difficulty and the lack of motivation. This does not mean that rote learning is unnecessary, but it is noted that there are other *kanji* learning strategies (Mori, 2012) that could also be used with the effective use of rote learning. In order to experience flow, therefore, the *kanji* learning task could be designed more effectively, particularly from the perspective of the C-S balance.

The second perspective that could be important for generating flow in the L2 Japanese reading classroom is to make use of learners' interest. As reviewed earlier, the unique characteristics of L2 Japanese learners' motivation will be their interest in the Japanese culture. Reading and *kanji* learning tasks could thus be designed so that they can make the most of this advantage. From the perspective of the flow theory, interest could play an important role as a moderator of the relationship between the C-S balance and flow (Bricteux et al., 2017). Despite the necessity of further research on the relationship between flow and interest, it should be noted that interest is closely related to motivation and engagement and contributes to flow experiences (Renninger & Hidi, 2016). However, it is also true that interest is not a static trait of individual learners but rather will be developed through appropriate support from the external environment (Hidi & Renninger, 2006; Renninger & Hidi, 2016; Renninger & Su, 2012). Without such support, the development of interest could be thwarted. In other words, L2 Japanese reading instruction should provide sufficient support for the maintenance and development of interest so that learners could independently, voluntarily, and repeatedly enter flow during reading, which contributes to the development of reading habits as well.

To provide such support, it is also important for teachers to understand how interest in reading is related to perceived text difficulty. In L1 reading, Fulmer and Tulis (2013) found that perceived difficulty could be an important predictor of the decline in interest before, during, and after reading. Perceived text difficulty is different from objective difficulty (e.g., readability). As a case in point, Arai (2022b) found that Japanese learners of English perceived the difficulty of graded readers differently from the original grade levels that the publisher of reading material had provided. Because "it is subjective challenges and skills, not objective ones, that influence the quality of a person's experience" (Nakamura & Csikszentmihalyi, 2021, 281), it is recommended that teachers fully understand how learners perceive reading material and provide sufficient support for their reading by means of allowing them to choose their own reading material, for example. Learners' own choice of reading material with adequate teacher support could be effective in motivation and the development of interest as well (Katz & Assor, 2007; Renninger & Hidi, 2016).

Finally, the present study argues that formative, learning-oriented feedback encourages flow experiences, leading to the development of reading proficiency and habits. As discussed above, it is important for teachers to provide adequate support for the development of interest. Regarding feedback, it is also worth noting that flow could be generated when there are clear goals and immediate feedback as well as the C-S balance, as reviewed earlier (see Section 2). Goals and feedback are closely related. For example, Hattie and Timperley (2007) suggested three important aspects of feedback: to assess and inform learners (1) where they are now (i.e., the current level of performance); (2) where they are going next (i.e., the next goal of learning); and (3) how they can get there (see also Sadler, 1989). In other words, providing well-designed feedback could contribute to making learning goals clearer, which enables learners to enter flow. Because it is documented that learners of L2 Japanese tend to be discouraged due to the lack of perceived learning progress (e.g., Matsumoto, 2007; Tsang, 2012), teachers should provide feedback appropriately for learners on their learning process.

It should be noted that the aim of providing feedback is not "to give learners a fish" but "to teach them how to fish." Hattie and Timperley (2007) referred to four levels of feedback, i.e., task, process, self-regulation, and self levels. First, feedback at the task (or product) level could be task-specific information (e.g., "Your answer was not correct."). Second, an example of feedback at the process level would be about reading strategies, (e.g., "Reread the topic sentence in the second paragraph."). Third, feedback at the self-regulation level concerns metacognitive aspects of learning (e.g., "Read the title first, and then guess what the text is about."). Finally, the feedback at the self level, such as "Good job" and "Excellent," is oriented to the learners rather than their performances, although feedback at the self level may not be as effective as the other kinds (Alderson et al., 2015; Kluger & DeNishi, 1996). Such kinds of feedback could be based not only on the results of reading comprehension tests and checklists but also on less formal assessments including classroom observation, reading logs, or discussion with learners. However, the goal of reading instruction will not be to provide only task feedback (i.e., "to give learners a fish") but to help learners become an autonomous, self-regulated reader who could set their own goals and receive immediate feedback from the task they are doing (i.e., "to teach learners how to fish"). In other words, reading instruction should aim to teach learners how to keep experiencing flow through autonomy-supporting feedback on the reading process that involves before (e.g., choosing books from the perspective of the C-S balance and interest), during (e.g., employing cognitive and metacognitive reading strategies to experience flow), and after reading (e.g., evaluating their experiences and giving feedback on the next book choice). To this end, teachers need to provide various types of feedback for learners.

4. Concluding Thoughts

The present paper has so far argued that flow experiences could play an important role in developing reading habits, which contributes to extended reading practices and the development of reading proficiency. From the perspective of the flow theory, this paper has discussed the importance of text difficulty and motivation in L2 Japanese reading instruction. It has also provided the three pedagogical suggestions to enter flow in L2 Japanese reading: (1) to help learners read with the C-S balance; (2) to develop learner interest; and (3) to give various types of feedback that clarifies learning goals and promote autonomous, self-regulated reading. All the three suggestions would have the potential to simulate flow-generating conditions and would thus help learners experience flow.

Based on the discussion, it could be said that it is important for L2 Japanese reading instructions to encourage learners to keep experiencing flow. Flow experiences contribute to reading enjoyment, as hypothesized by Csikszentmihalyi (1975/2000) that flow leads to enjoyment and happiness. Reading enjoyment could be a part of what Nuttall (2005, 127) called "the virtuous circle of the good reader," where reading enjoyment leads to the amount of reading and better reading comprehension, which in turn could be instrumental in promoting reading enjoyment. Therefore, flow would not only be the key to entering flow and the virtuous cycle, but also the fuel for the cycle. It is thus important for teachers to help learners find flow and keep experiencing it.

In addition to the pedagogical suggestions, the present paper has emphasized the necessity of further research on flow experiences in reading, especially in the L2 Japanese context. As reviewed earlier, the number of studies on the relationship between flow and reading is quite limited, despite the necessity (Grabe & Yamashita, 2022). Given the uniqueness of learner motivation and the writing system in L2 Japanese reading reviewed so far, empirical research should examine the characteristics of flow and their effects on the development of L2 Japanese reading habits and proficiency.

Acknowledgment

The present author sincerely thanks Naoko Ohno and Professor Yasuyo Sawaki for their comments on the earlier version of this paper.

References

Alderson, J. C., Haapakangas, E.-L., Huhta, A., Nieminen, L., & Ullakonoja, R. (2015). *The diagnosis of reading in a second or foreign language*. Routledge.

Arai, Y. (2022a). Perceived book difficulty and pleasure experiences as flow in extensive reading. *Reading in a Foreign Language, 34*, 1-23. https://nflrc.hawaii.edu/rfl/item/542

Arai, Y. (2022b). Exploring perceived difficulty of graded reader texts. *Reading in a Foreign Language, 34*, 249-270. https://nflrc.hawaii.edu/rfl/item/563

Bricteux, C., Navarro, J., Ceja, L., & Fuerst, G. (2017). Interest as a moderator in the relationship between challenge/skills balance and flow at work: An analysis at within-individual level. *Journal of Happiness Studies, 18*, 861-880. https://doi.org/10.1007/s10902-016-9755-8

Carr, T., & Levy, B. A. (1990) *Reading and its development: Component skills approaches*. Academic Press.

Chikamatsu, N. (1996). The effects of L1 orthography on L2 word recognition: A study of American and Chinese learners of Japanese. *Studies in Second Language Acquisition, 18*, 403-432. https://doi.org/10.1017/S0272263100015369

Csikszentmihalyi, M. (1990). *Flow: The psychology of optimal experience*. Harper Collins.

Csikszentmihalyi, M. (1997). *Finding flow: The psychology of engagement with everyday life*. Basic Books.

Csikszentmihalyi, M. (2000). *Beyond boredom and anxiety: Experiencing flow in work and play*. Jossey-Bass. (Original work published in 1975)

Csikszentmihalyi, M. (2014). Flow: The joy of reading. In M. Csikszentmihalyi (Ed.), *Applications of flow in human development and education*, 227-237. Springer.

de Burgh-Hirabe, R. (2019). Motivation to learn Japanese as a foreign language in an English speaking country: An exploratory case study in New Zealand. *System, 80*, 95-106. https://doi.org/10.1016/j.system.2018.11.001

de Burgh-Hirabe, R., & Feryok, A. (2013). A model of motivation for extensive reading in Japanese as a foreign language. *Reading in a Foreign Language, 25*, 72-93. https://nflrc.hawaii.edu/rfl/item/271

Engeser, S., Schiepe-Tiska, A., & Peifer, C. (2021). Historical lines and an overview of current research on flow. In C. Peifer & S. Engeser (Eds.), *Advances in flow research* (2nd ed.), 1-29. Springer.

Everson, M. (2011). Best practices in teaching logographic and non-Roman writing systems to L2 learners. *Annual Review of Applied Linguistics, 31*, 249-274. https://doi.org/10.1017/S0267190511000171

Falout, J., Elwood, J., & Hood, M. (2009). Demotivation: Affective states and learning outcomes. *System, 37*, 403-417. https://doi.org/10.1016/j.system.2009.03.004

Fulmer, S. M., & Tulis, M. (2013). Changes in interest and affect during a difficult reading task: Relationships with perceived difficulty and reading fluency. *Learning and Instruction, 27*, 11-20. https://doi.org/10.1016/j.learninstruc.2013.02.001

Grabe, W., & Yamashita, J. (2022). *Reading in a second language: Moving from theory to practice* (2nd ed.). Cambridge University Press.

Hamada, Y., & Grafström, B. (2014). Demotivating factors in learning Japanese as a foreign language. *Akita University Bulletin, 16*, 9-18. http://hdl.handle.net/10295/2753

Hatasa, Y. A. (1992). *Transfer of the knowledge of Chinese characters to Japanese* [Unpublished doctoral dissertation]. University of Illinois.

Hattie, J., & Timperley, H. (2007). The power of feedback. *Review of Educational Research, 77*, 81-112. https://doi.org/10.3102/003465430298487

Hidi, S., & Renninger, K. A. (2006). The four-phase model of interest development. *Educational Psychologist, 41*, 111-127. https://doi.org/10.1207/s15326985ep4102_4

Hitosugi, C. I., & Day, R. R. (2004). Extensive reading in Japanese. *Reading in a Foreign Language, 16*, 20-39. https://nflrc.hawaii.edu/rfl/item/83

Horiba, Y. (2012). Word knowledge and its relation to text comprehension: A comparative study of Chinese- and Korean-speaking L2 learners and L1 speakers of Japanese. *The Modern Language Journal, 96*, 108-121. https://doi.org/10.1111/j.1540-4781.2012.01280.x

Katz, I., & Assor, A. (2007). When choice motivates and when it does not. *Educational Psychology Review, 19*, 429-442. https://doi.org/10.1007/s10648-006-9027-y

Kirchhoff, C. (2013). L2 extensive reading and flow: Clarifying the relationship. *Reading in a Foreign Language, 25*, 192-212. https://nflrc.hawaii.edu/rfl/item/279

Kluger, A. N., & DeNisi, A. (1996). The effects of feedback interventions on performance: A historical review, a meta-analysis, and a preliminary feedback intervention theory. *Psychological Bulletin, 119*, 254-284. https://doi.org/10.1037/0033-2909.119.2.254

Koda, K. (1993). Transferred L1 strategies and L2 syntactic structure in L2 sentence comprehension. *The Modern Language Journal, 77*, 490-500. https://doi.org/10.1111/j.1540-4781.1993.tb01997.x

Koda, K. (2017). Learning to read Japanese. In L. Verhoeven & C. Perfetti (Eds.), *Learning to read across languages and writing systems,* 57-81. Cambridge University Press.

Kondo-Brown, K. (2006). Affective variables and Japanese L2 reading ability. *Reading in a Foreign Language, 18*, 55-71. https://nflrc.hawaii.edu/rfl/item/116

Kondo-Brown, K. (2013). Changes in affective profiles of postsecondary students in lower-level foreign language classes. *Foreign Language Annals, 46*, 122-136. https://doi.org/10.1111/flan.12013

Leung, C. Y. (2002). Extensive reading and language learning: A diary study of a beginning learner of Japanese. *Reading in a Foreign Language, 14*, 66-81. https://nflrc.hawaii.edu/rfl/item/55

Matsumoto, H. (2007). Peak learning experiences and language learning: A study of American learners of Japanese. *Language, Culture and Curriculum, 20*, 195-208. https://doi.org/10.2167/lcc335.0

Matsumoto, K. (2013). Kanji recognition by second language learners: Exploring effects of first language writing systems and second language exposure. *The Modern Language Journal, 91*, 161-177. https://doi.org/10.1111/j.1540-4781.2013.01426.x

McQuillan, J., & Conde, G. (1996). The conditions of flow in reading: Two studies of optimal experience. *Reading Psychology, 17*, 109-135. https://doi.org/10.1080/0270271960170201

Mol, S., & Bus, A. (2011). To read or not to read: A meta-analysis of print exposure from infancy to early adulthood. *Psychological Bulletin, 137*, 267-296. https://doi.org/10.1037/a0021890

Mori, S. (2015). If you build it, they will come: From a "Field of Dreams" to a more realistic view of extensive reading in an EFL context. *Reading in a Foreign Language, 27*, 129-135. https://nflrc.hawaii.edu/rfl/item/319

Mori, Y. (1998). Effects of first language and phonological accessibility on Kanji recognition. *The Modern Language Journal, 82*, 69-82. https://doi.org/10.1111/j.1540-4781.1998.tb02595.x

Mori, Y. (2012). Five myths about kanji and kanji learning. *Japanese Language and Literature, 46*, 143-169. https://www.jstor.org/stable/41442049

Mori, Y. (2014). Review of current research on kanji processing, learning, and instruction. *Japanese*

Language and Literature, 48, 403-430. https://www.jstor.org/stable/24394416

Mori, Y., & Shimizu, H. (2007). Japanese language students' attitudes towards kanji and their perceptions on kanji learning strategies. *Foreign Language Annals, 40*, 472-490. https://doi.org/10.1111/j.1944-9720.2007.tb02871.x

Nakamura, J., & Csikszentmihalyi, M. (2021). The experience of flow theory and research. In C. R. Snyder, S. J. Lopez, L. M. Edwards & S. C. Marques (Eds.), *The Oxford handbook of positive psychology* (3rd ed.), 279-296. Oxford University Press

Nassaji, H. (2014). The role and importance of lower-level processes in second language reading. *Language Teaching, 47*, 1-37. https://doi.org/10.1017/S0261444813000396

Northwood, B., & Thomson, C. K. (2012). What keeps them going? Investigating ongoing learners of Japanese in Australian universities. *Japanese Studies, 32*, 335-355. https://doi.org/10.1080/1037139 7.2012.735988

Nuttall, C. (2005). *Teaching reading skills in a foreign language* (2nd ed.). Macmillan.

Peterson, J. (2022). A case study of the effects of hybrid extensive reading on JFL learners' reading rates and comprehension. *System, 107*, 1-17. https://doi.org/10.1016/j.system.2022.102815

Rai, M. K., Loschky, L. C., & Harris, R. J. (2015). The effects of stress on reading: A comparison of first-language versus intermediate second-language reading comprehension. *Journal of Educational Psychology, 107*, 348-363. https://doi.org/10.1037/a0037591

Renninger, K. A., & Hidi, S. E. (2016). *The power of interest for motivation and engagement*. Routledge.

Renninger, K. A., & Su, S. (2012). Interest and its development. In R. Ryan (Ed), *The Oxford handbook of human motivation,* 167-187. Oxford University Press.

Rose, H. (2017). *The Japanese writing system: Challenges, strategies, and self-regulation for learning Kanji*. Multilingual Matters.

Rose, H., & Harbon, L. (2013). Self-regulation in second language learning: An investigation of the kanji-learning task. *Foreign Language Annals, 46*, 96-107. https://doi.org/10.1111/flan.12011

Sadler, R. (1989). Formative assessment and the design of instructional systems. *Instructional Science, 18*, 119-144. https://doi.org/10.1007/BF00117714

Saito, Y., Garza, T. J., & Horwitz, E. K. (1999). Foreign language reading anxiety. *The Modern Language Journal, 83*, 202-218. https://doi.org/10.1111/0026-7902.00016

Shimizu, H., & Green, K. E. (2003). Japanese language educators' strategies for and attitudes toward teaching kanji. *The Modern Language Journal, 86*, 227-241.https://doi.org/10.1111/1540-4781.00146

Tanaka, M. (2013). Examining kanji learning motivation using self-determination theory. *System, 41*, 804-816. https://doi.org/10.1016/j.system.2013.08.004

Teo, T., Hoi, C. K. W., Gao, X., & Lv, L. (2019). What motivates Chinese university students to learn Japanese? Understanding their motivation in terms of 'posture.' *The Modern Language Journal, 103*, 327-342. https://doi.org/10.1111/modl.12546

The Japan Foundation (2020). *Survey report on Japanese-language education abroad 2018*. Retrieved November 14, 2022, from https://www.jpf.go.jp/e/project/japanese/survey/result/survey18.html

Tsang, S. Y. (2012). Learning Japanese as a foreign language in the context of an American university: A qualitative and process-oriented study on de/motivation at the learning situation level. *Foreign Language Annals, 45*, 130-163. https://doi.org/10.1111/j.1944-9720.2012.01167.x

Ushioda, E., & Dörnyei, Z. (2017). Beyond global English: Motivation to learn languages in a multicultural world: Introduction to the special issue. *The Modern Language Journal, 101*, 451-454. https://doi.org/10.1111/modl.12407

Wharton, G. (2005). Language learning interest at a new management university in multilingual Singapore. *Foreign Language Annals, 38*, 544-553. https://doi.org/10.1111/j.1944-9720.2005.tb02521.x

Yamamoto, A. (2011). Flow and extensive reading in EFL. *Gakushuin High School Bulletin, 9*, 1-9. http://hdl.handle.net/10959/2093

多読の力

―読みのプロフィシェンシーを超えて―

纐纈憲子 (米国ノートルダム大学)

要旨

　多読とは、学習者自身が選んだやさしい読みものを大量に読むことによって、インプットを増やすアプローチである。その最大の特徴は、共通教材を用いる一斉授業と異なり個別活動が中心であるということだ。学習者が選択権を持ち、学習を進める多読では、学習者の姿勢はきわめて能動的である。またテストや競争がない環境で行われることが、ウェルビーイングにも貢献する。多読は、読みの運用能力だけでなく、創造性や自律性など人間成長に必要な力をはぐくむことも明らかになってきた。柔軟性があるため、多様な学習環境や学習者にも対応できる。本稿では、読書記録や自己評価などの資料をもとに以上のことを考察する。また、視覚情報の効用や評価についても触れたい。

キーワード：個別活動、インプット、視覚情報

The Power of Extensive Reading

Beyond Reading Proficiency

Noriko Hanabusa (University of Notre Dame)

Abstract

　Extensive reading is an approach to increasing input in which learners read a large amount of easy materials that they choose for themselves. Unlike regular courses that use the same materials for everyone, the main focus of extensive reading is individual reading activities. In the extensive reading class, where learners choose their own materials and control their own learning, their roles are very active. There are no tests or competitions, thus the class creates a stress-free environment that contributes to the learners' well-being. I have clearly seen that extensive reading fosters not only reading proficiency, but also learners' creativity and autonomy, which is necessary for their personal development. Because of the flexibility of the approach, extensive reading can also accommodate a diverse range of learners and learning environments. This paper discusses the above based on data from reading journals and self-assessments. The benefits of visual information and the assessment issue will also be discussed.

Keywords: individual activities, input, visual information

1. 多読とは

1.1 多読の特徴

　筆者は、米国大学機関にて日本語多読活動を実践している。近年米国では学習者の多様化が著しく、筆者は一斉授業への限界を感じるようになっていた。そのような折に多読を知り、2013年に活動を開始した。1年間多読クラブを開催した後、多読に特化した独立授業を開講しはじめて、2023年春現在9年が経過したところである。

　学習者の自律性や創造性を引き出す点で、多読は筆者に様々な発見と驚きをもたらしてきた。これが教師の役割や評価観に対する深い内省につながり、実践を重ねるにつれ、自らの姿勢も大きく変化してきた。このようなことが起こる最大の理由は、多読が共通教材を用いる授業と異なり、教室内の個別活動であるからだと考えられる。活動に際し、教師は大量の本を準備する。その中から、学習者は自分の興味に沿って読みたいものを選び、自分のペースで読み進めていく。つまり、同じ教室に集まるけれど各自が別々のことを行う、それが多読である。主活動は授業内個別読書であり、教師は教えることをしない。特定の読み物を教科書として使用したり、教師主導で読み作業を行ったりすることは多読とは言えない (Nation & Waring , 2013) のである。

　英語教育では、80年代以降多くの多読研究がある (高瀬, 2010)。多読の特徴として、Day and Bamford (1998) は「学習者は読みたい本を選ぶ」「読書の目的は個人の楽しみに関係する」「読書は個人で静かに行う」など10の点を挙げている。また、Krashen and Brand (2014) は、compelling comprehensible inputの重要性を説き、夢中になれる本の存在と図書館の意義を強調する。多読では、楽しみながらインプット量を増やすことで学習を進めていくのである。

　個別活動ならば、教室に集まらずに個人で読書をしたらよいのでは、という疑問が生まれ

るのは当然であろう。しかしながら、意欲があっても授業外に時間を割けない学習者が多いため、授業内読書時間を設けることが多読成功の決定的な要因である (高瀬, 2010)。さらに、個別活動といえども、まわりにいる仲間の存在が重要な役割を果たしている。クラスメートが読書に集中している雰囲気の中だからこそ、自分も集中できるのだ。

　日本語多読に関しては、NPO多言語多読 [1] が多読用読みものの作成や出版、普及を牽引してきた。米国では、2015年前後から実践報告が増えてきている。NPO多言語多読では、多読を「読みたいものを楽しみながらどんどんたくさん読むこと」と定義し、自律的な読み手になるために「やさしいレベルから読む」「辞書を引かないで読む」「わからないところは飛ばして読む」「進まなくなったら、他の本を読む」の4つのルールを設定している (高橋他, 2022a)。

1.2　多読用読みもの

　日本語多読では、「学習者向けレベル別読みもの (Graded Readers、以下GR)」と「一般書」の2種類が使用されている。NPO多言語多読では、日本語の難しさや長さに応じ、いずれもスタート (超入門者) から5までのレベルに分けて紹介している。NPO多言語多読監修のGRには「レベル別日本語多読ライブラリーにほんごよむよむ文庫」(アスク出版) と「にほんご多読ブックス」(大修館書店)のシリーズ があり、現在150冊弱が出版されている。

　数千冊のGRがある英語に比して、現在紙媒体として出版されている日本語のGRは少ない。しかし、数の上では英語には及ばないものの、日本語GRは熟考を重ねて仕上げられたものが多く、その質はとても高い。語彙や文法をコントロールしながら挿絵を効果的に取り入れ、昔話や文化紹介、オリジナルの物語など幅広いトピックをカバーしている。また、似たような言葉やフレーズの繰り返しや対比が多用され、ページめくりにも工夫が凝らされている。一般書では、絵本や児童書、マンガなど、絵やイラストが効果的に使われているものが推奨されている。

　学習者にとっては、GRの方が一般書より読みやすい傾向がある。絵本や児童書には、低いレベルでも、くだけた言い方やオノマトペなど教科書にない言い回しや語彙が多く含まれているからだ。しかし、GRだけを読んでいると、なかなか一般書に移行できなくなってしまう。そのため、入門段階から、両方を混ぜて読んだ方がよいとされている。

---

1) NPO多言語多読ウェブサイト https://tadoku.org/ (2023年4月5日検索) に、多読に関する様々な情報がある。

　パンデミックによって各国の授業がオンライン移行を余儀なくされたが、多読も例外では
なかった。オンライン多読では紙の本を使うことができないため、GRの電子書籍や、多読
に適したウェブサイト上の素材が多く用いられる。一方でパンデミックは、世界各地の読み
もの作成グループが、ウェブ上で作品を無料公開するという新たな動きを生み出した[2]。現在
公開されているオンラインの読みものは、500冊を優に超える（高橋他, 2022a）。多読普及
にとってパンデミックによる予期せぬ効果だったと言えるだろう。

2.　日本語多読実践

2.1　実践概要

　学習者が大量のインプットを得るためには、運営側はまず大量の本を揃えなければならな
い。特に海外の学校機関では、図書購入や保管場所などの点から、図書館と協働するのが有
効と思われる。本学でも、司書に協力を仰ぎ実践してきた。

　新規コース導入にあたり、プログラム内での位置付けを考えることは重要である。本学
のプログラムでは、主コースとして教科書を用いる1-3年生の授業が開講されている。一方
多読は、選択科目として、初級・中上級2コースが週1度図書館内の教室で行われている。
同時に主コースの授業をとりながら多読を履修する者もいれば、多読のみの者もいる。つま
り、多読は、主コースでの読みのインプットの補完、および主コースが継続できない学習者
の受け皿、の2つの役割を果たしている。

　本学での多読は、主コースに比べて単位や時間数が少なく、履修者の負担が比較的少な
い。履修者数は、毎学期2コース合わせて約20-35人である。プログラム全体の学習者が
約60-70人であることから、割合はかなり高い。何度でも履修可能なので、半数以上が複
数学期継続する。2014年秋から2023年春学期までの18学期間で、のべ400人近くが受講
した。

　多読クラスには違うレベルの学習者が混在している。たとえば、初級には1年生や2年
生の通常授業の受講者もいれば、時にはひらがなとカタカナしかわからない学習者もいる。
しかし、個別活動のため、問題はほとんど起こらない。むしろ違うクラスの学習者と知り合
う機会として好意的にとらえる学習者が多い。多読では、異なるレベル・背景・興味を持っ
た学習者が同席するインクルーシブな授業が可能となるのだ。

---

2) オンライン読みものは、以下のサイトで公開されている。https://tadoku.org/japanese/free-books/ (2023年
　4月5日検索).

教室内活動は個別読書が中心だが、最初 10 分ほどは、読み聞かせやブックチャットなどの全体活動にあてている。学習者は 1 冊本を読むごとに、オンライン読書記録を提出する。内容は、読んだ本の情報や難しさ、コメントなどで、英語・日本語どちらで記入してもよい。これはオンライン上のポートフォリオとなり、自己評価の際の資料となる。また、最終日にはプロジェクト発表を行っている。教室外課題は、自己評価やブックレポート、プロジェクト発表の準備などがある。授業外多読を課題として必須にする教師も多いと聞くが、筆者は行っていない。

2.2 読書記録に見る多読の効果

多読授業では、教材や読むペースの選択権、決定権はすべて学習者にある。では、学習者はどのように本を読み進めていくのだろうか。高橋他 (2022a) では、学習者がどのような本をどのような順番で読むかを 4 つに分けて紹介している [3]。以下、筆者が担当した初級学習者 2 人の読書記録を見てみたい。横軸は学期、縦軸は読みもののレベルを表している。いずれも 4-5 学期間多読授業を継続履修した英語母語話者で、開始時は日本語 1 年生後半レベルであった [4]。

これを見ると、本のレベルやジャンルの選び方が、双方でかなり異なっていることがわかる。学習者Aは、開始時から主にレベル 0、1、2 のGRを低いレベルから順番に読み進め、絵本などの一般書にはあまり興味を示さなかった。しかし、2 学期目の終わりごろに、スタジオジブリの映画を忠実に再現した一般書、フィルムコミックスに没頭する。その後、GRではなく一般書を選ぶようになったが、難しさを感じたのかしばらくレベルの低いものを読んでいた。そして、4 学期目以降、自分が読みたいマンガなどの一般書を自由に選んで読むようになった。この学習者は、比較的几帳面に下から順にレベルを上げていったと言える。

一方、学習者Bは、初めからGRと一般書両方を混ぜて読んでいた。そして、本のレベル選択にあまりこだわりがないように見える。学期が進んでいってもレベルがかなり混在しており、3-4 学期目でも時々レベル 1 の本を読んでいる。この学習者も、4 学期目には、自分が好きなレベル 4 のマンガを中心に、自由に読書を楽しめるようになっていた。

2 人の読み進め方には違いがある。しかし、どちらもレベル 0 から始め、2 年-2 年半後に

---

3) 1. レベル別に進めていく、2. 自分の興味に合わせて自由に読んでいく、3. やさしいレベルの本や絵本を長く読む、4. やさしいレベルの本からマンガに進み一般書に進む、の 4 タイプである (高橋他 , 2022a)。
4) 本学は秋・春 2 学期制である。学習者 A は 2017 年春、B は 2019 年秋に履修を開始した。

レベル3、4の一般書を読む力を身につけた点で共通しているといってよいだろう。2人とも同時に主コースを受講していた学期もあるし、教室外で何らかの日本語学習を行っていた可能性もある。そのため、上のレベルの本を読めるようになったことが、完全に多読だけの効果であるとは断言できない。しかしながら、インプットを増やす多読が、読みの運用能力の伸びにプラスに作用したことは、まず間違いないだろう。

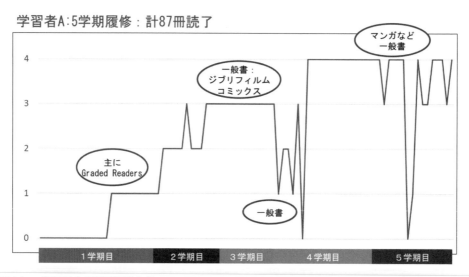

<図1>　学習者Aの読書記録より

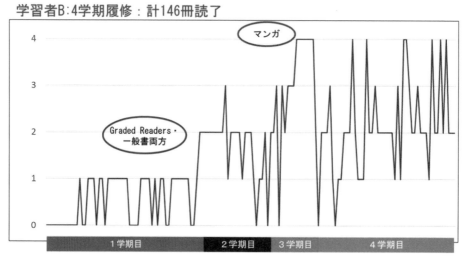

<図2>　学習者Bの読書記録より

今回取り上げた2人は、継続期間が長く、レベル上げが比較的顕著に表れた例である。しかし、受講期間が短い学習者であっても、特に初級では同様のレベル変化が見られるケースがかなり多い。さらに、学期末自己評価でも多読の成果について尋ねているが、毎学期「読むスピード」「語彙力」「漢字力」「読解力全般」の向上が上位に挙げられる。これもまた、読む力への多読の効果の裏付けと言えるのではないだろうか。

筆者は、学習者に対して本のレベル上げを勧めることはほとんどしていない。多読ではやさしいものを大量に読むことが重要であるし、低いレベルの本からも、日本文化についてなど内容的に学べることがたくさんあるからだ。学習者は、あくまでも自分の判断で、どのレベルの本を読むか、いつ上のレベルに挑戦するか決定し、それが自然に読む力の向上につながっているのである。

レベル選択以外の点でも、学習者の読み方は実に様々である。内容があまりわからなくても、GRを読まず絵本のみを選ぶ入門者もいれば、昔話や動物、食べ物など特定なジャンルやトピックの本を読みつづける者もいる。時には上級レベルに達しているのに、レベル0の絵本を好んで手にする学習者もいる。本の選び方、読み方には、一斉授業では見ることができない学習者の性格、個性が表れており、非常に興味深い。学習者は一人ひとり違うのだということを、改めて感じさせられる。

3. 視覚情報の重要性

3.1 辞書を引かないで読むには

1.1で述べたように、NPO多言語多読が提唱するルールの1つに「辞書を引かないで読む」とある。これは精読と大きく違うため、学習者・教師とも疑問に感じることが多い。多読では、知らない言葉に遭遇したら、挿絵を見てヒントを探すようアドバイスするのがよいとされている。そのため、一般書を選ぶ際には、絵が効果的に使われているかどうかが判断基準になることが多い。

Batic and Haramija (2015) は、挿絵入りの文学作品は、言語と視覚の相互作用によって読者にメッセージを伝えているとし、言語教育でとかく視覚情報が軽視されがちであることに警鐘を鳴らす。Serafini (2014) も、作家はさまざまなモード、すなわち視覚的なものを使ってストーリーを語り、情報を共有し、読者とコミュニケーションをとっていると述べる。コミュニケーション能力の育成には言語面だけでは不十分であり、視覚的なリテラシー能力にも焦点を当てるべきなのだ (Royce, 2006)。筆者は実践を重ねるうちに、本の中に描かれて

いる絵は、ストーリーを語るために重要な役割を持っているのだと感じるようになった。

授業では初日に多読のルールを紹介するが、辞書を使わない読み方がすぐに定着するわけではない。そこで、レベル 0 の本をクラス全体で読む活動を頻繁に行う。絵をよく見ながら、言葉の意味を推測したり、ストーリー展開を予測したりする。たとえば、「日本語よむよむ文庫」のレベル 0『桜』には、「咲く」「散る」など入門者が知らない語彙が含まれているが、文の脇にあるイラストを見れば、その意味が比較的簡単に推測できる。読書中に言葉の意味を尋ねてくる学習者がいる時も、すぐに教えるのではなく、絵を指し示して自分で答えを発見できるように誘導する。視覚情報に注意を払うことで、文字だけでは表されない場面やコンテクストを理解することができるのだ。スムーズに活動を進めるためには、多読に適した本が豊富にあること、そして辞書に頼らずに推測するコツをつかむことが、肝要だと言える。

筆者は、多読の究極のゴールの 1 つは、母語で読書を行う時のように、日本語で読書をする時にも頭の中に絵を描けることだと考えている。学期初めに、学習者に母語で読書を行う時に何が起きているか考えてもらう。するとたいてい「頭の中に映像を描く」という答えが返ってくる。そして、同じことが日本語の読書でできるようになるためには、絵をじっくり見ることで推測力・想像力を養うことが大切だと話し、理解を求める。

本授業の読書記録には、絵に関する記述が頻繁に見られる。たとえば、2023 年春学期の初級多読履修者は計 17 人だが、うち 12 人の記録にそのような記述がある。以下はその一例である (原文は英語、筆者訳)。

- 今日初めてレベル 1 の本 を読んだが、自分でも驚くほど理解することができた。「あげます」の意味は正確にはわからなかったが、文脈と絵をヒントに理解できた。

  (日本語 1 年生)

- この本にはたくさん繰り返しがあって理解しやすかったし、絵を見たら言葉の意味も推測できた。初めに「置きます」の意味がよくわからなかったが、何度もこの言葉を見ていくうちにわかるようになった。 (日本語 2 年生)

- 「みにくいあひるの子」は悲しかったけど、最後はハッピーエンドでよかった。すぐ前に読んだ別の本で習った「飛びました」という動詞が、この本にも出てきた。この動詞の意味は、絵や内容をヒントに簡単に推測できた。 (日本語 1 年生)

- 絵がたくさんあることで飽きずに読み進めることができるし、文脈把握に役立っていると思う。時々わからない言葉があったが、読んでいくうちに絵と一緒に同じ言

葉が何度も出てきたので、意味を理解することができた。　　　　（日本語1年生）

　これらのコメントから、学習者が視覚情報を上手く活用し、知らない言葉に遭遇した時に意味を推測しながら読書を進めていることがわかる。

　大学機関での多読について、使われる絵本やマンガがアカデミックではないという批判をよく耳にする。無論アカデミックなものが読めるようになることはゴールの1つではあるが、すぐに皆がそれらを辞書なしですらすら読めるようになるわけではないだろう。視覚情報の助けを借りながら読書経験を重ねるステージが、だれしも必要なのではないだろうか。これが、将来的に様々なジャンルのものを読みこなす力を養っていくのである。

3.2　文字なし絵本

　さらに、多読では「文字なし絵本」がレベル0の読みものの一部として使用されている。外国語学習の教室で、文字が全くないものを扱うことには異論があるかもしれない。しかし、文字なし絵本は、想像力を養うためのすぐれた教材であると言える。3.1で述べたように、辞書を使わずに読む力を身につけるためには、文字以外の情報をもとに、推測力や想像力を使ってストーリーを読み解くことが欠かせないからである。

　酒井 (2011) は「読書では、限られた情報をもとに自分で想像をめぐらせることこそが極上の楽しみであり、情報量が少なければ少ないほど、想像力で補われる部分が大きくなる」と述べている。この考えに基づくと、活字情報が存在しない文字なし絵本は、通常の本よりも情報量が少ないのだから、読者はさらに想像力を駆使することになる。文字なし絵本には様々な仕掛けがほどこされており、時間や空間を超えた世界が絵だけによって描き出される。絵を目にすることで、読者はだれでも一瞬にしてその世界に入りこむことができるのだ。

　Serafini (2014) によると、文字なし絵本では、読み手は共同作者としてイメージから物語を構築していくという。文字がないからこそ、読み手は注意深く隅々まで絵を見、自らの想像力を使ってストーリーを紡ぎ出していく。絵からの推測経験の蓄積が、文字が多い本に移行していく際にも重要になっていくと考えられる。

　2020年春学期、実験的に毎週文字なし絵本をクラス全体で読んでいたことがある。中間自己評価の一部として活動の印象を尋ね たところ、10人の履修者全員が肯定的な見方をしていた。質問項目は「文字なし絵本についてどう思いますか。文字でなく絵を『読む』ことについての考えを聞かせてください」(原文は英語、筆者訳) である。以下、いくつかのコメ

ントを記す (コメントは英語、筆者訳)。

・文字なし絵本は、リラックスできるし、文字情報を速く探し出す必要がないし、想
　像力が刺激される。子供の時の気持ちを思い出させてくれる貴重な読書体験だ。

(日本語1年生)

・文化的な観点からも、文字なし絵本は素晴らしいと思う。相手の言語に精通してい
　なくても、効果的にコミュニケーションが取れるということを教えてくれる。

(日本語1年生)

・文字なし絵本を見て「これを日本語で言うとどうなるか」と考えつづけることが、
　言語能力を向上させるために必要なことだと思う。　　　　　　(日本語2年生)

・絵は色々な解釈ができるから、文字なし絵本を読むことは、文章を読むよりも難し
　いと感じる。難しいけれど面白い。　　　　　　　　　　　　(日本語1年生)

・言語以外の方法でストーリーを理解することは役に立つと思う。このスキルを伸ば
　すことができれば、文字がある本ももっと楽しめるようになると思う。

(日本語1年生)

　それぞれの観点は少しずつ異なっているが、文字なし絵本の意義を認めている部分では共
通していると言えるだろう。学習者の多くは、読書とは単に文字を追うだけのものではなく、
視覚情報を活用しながらストーリーを組み立てていくことだと理解しているようである。教
室には時々、あるページの絵を5分以上じっと見ている学習者がいる。また、日本人向け
の小説を自由に読みこなせるレベルの上級学習者が、文字なし絵本をじっくり楽しむ様子を
目にすることもある。このような学習者たちは真に読書の楽しさを理解しているのであり、
多読担当者にとってこれ以上嬉しいことはない。

4.　学習者の自律性・創造性

4.1　学期末自己評価

　精読では、たいてい教師が教材やペースを決定するため、学習者の姿勢は受動的だ。一方
多読では、活動の進め方の決定権は学習者にあり、その姿勢は極めて積極的・能動的である。
酒井 (2011) は、自分が関心を持っているテーマであれば、脳は先読みの能力を生かして能
動的な読み方を行うことができると述べる。このことからも、自分で興味のある本を選択す

ることが、学習者の能動的なの能動的な姿勢を引き出すと言ってよいだろう。

　学期末に行う自己評価の中に「多読についての全般的な印象」を尋ねる項目がある。活動に対する学習者の評価は極めて高い。以下のコメントから、学習者が自らコントロールしながら学習を進めていくことを肯定的に捉えていることがわかる (原文は英語、筆者訳)。

　　・多読は、自分自身の学習に対して自ら行動することを後押ししてくれる。学習をコ
　　　ントロールできる落ち着いた心の状態の中で、自身の進歩を感じることができる。

　　　　　　　　　　　　　　　　　　　　　　　　　　　　　　　　　　（日本語2年生）

　　・自分のペースで読むことによって、進歩や成長を自身で評価できる。難しい本に進
　　　むタイミングも、自分で判断できる。　　　　　　　　　　　　　（日本語1年生）

　　・日本語力に対する自分の評価をもとに、その後の学習の方向性を選べることはあり
　　　がたい。　　　　　　　　　　　　　　　　　　　　　　　　　　（日本語1年生）

　トムソン (2009) によると、学習者中心、能動的学習、自律的学習、学習者主体の考え方には重なり合う部分があるが、自律的学習では学習者自身の学習との取り組み方に焦点が置かれるという。自律的学習の総合的サイクルとは、学習環境の設定→目標の自覚→計画の立案→活動・リソース選択→実施→自己評価の循環であり、自己評価は次のサイクルの目標設定に不可欠である (トムソン, 2008)。多読では、学習者は常に自分の判断で学習リソースである本を選び、いつ上のレベルに進むべきか自分で決定する。そこでは、おそらく無意識的に、自分の学習についての自己評価と次のゴール設定が起こっていると考えられる。学習者は、教師に言われることなく、振り返りおよび目標設定を繰り返しているのだ。学習者には自らの学習に対する責任意識があり、きわめて主体的に関わっている。個別活動により、多読では自然に自律的学習のサイクルが生まれると言ってよいだろう。

　齋藤・松下 (2004) は、自律学習を基盤とした個別対応型授業を報告しているが、授業では学習者が学習目標、方法、計画を設定、自己評価を行い、教師は支援者・自律促進者の立場をとっている。筆者も多読導入以前に、学習者が目標や学習内容を決定、自己評価を行う授業外個人学習プロジェクトを実践したことがある。結果、学習者個人の興味・好きなことはそれぞれ異なること、自分が楽しめることは継続する可能性が高いことが明らかになった。しかし、回数を重ねるうちに、学習目標などを教師が学習者に「決めさせる」ことに抵抗を感じるようになった。自律的学習とは、もっと自発的に学習者側から生まれるべきでは

ないかと考えはじめたのである。教師の介入なしに自律的学習のサイクルが自然発生している多読は、より理想的だと言えるのではないだろうか[5]。

4.2　プロジェクト作品

　2.1 で触れたように、本授業では学期末にプロジェクト発表を行っている。目的として、普段個別活動が中心なので、クラスメートと成果を共有する機会を設けること、そして、インプットである多読をアウトプットの書く・話すにつなげることの 2 つがある。多読では、学習者は自分の好きな読みものを自由に選んでいる。そこで、アウトプットであるプロジェクトでも、同様に自分の好きな内容、発表方法、媒体を選んでもらっている。教師側の指示なしに自由であることが、学習者に肯定的にとらえられている。また、多読では楽しむことを重視するため、発表においても聞き手を意識し、楽しんでもらえる工夫をするように伝える。さらに、多読ではやさしい本を読んでいるので、プロジェクトでもなるべく辞書を使わずに準備するようアドバイスする。

　単位数の少ない授業であることから、開講時、プロジェクトに対する筆者の期待値は決して高くなかった。好きな本について、ごく簡単に紹介する程度を想定していたのだ。しかしながら、その予想は 1 学期目から大きく裏切られた。学習者の個性や得意なこと、情熱がいかんなく発揮される様子を、何度も目の当たりにすることになったのである。

　大量の本を読んでいくうちに、自分でストーリーを書きたくなる者はとても多い。学習者は、オリジナルのストーリーを、視覚情報である手描きイラストや写真を使った絵本、マンガ、ビデオ、紙芝居などの形式で披露する。気に入ったGRの続編やパロディーを書く者もいる。Royce (2006) によると、本の中の視覚情報は、創造的なストーリー制作に効果的であるという。多読によって大量のインプットが蓄積され、模倣を通じて創造的なアウトプットが産出される。多読が、読みだけでなく、書く力に影響することもわかってきた[6]。2.2 で触れた自己評価においても、多読による「書く・話す力」の向上を、成果として報告する学習者が少なからずいる。

　自分の気に入った本について話すブックトークを行う学習者もいる。この場合も、すごろ

---

5) 本学で多読が学習者の主体的活動に結びついた例として、継続履修者が提案し、シラバスやコースデザインを担当した話す・聴くに特化した新コースがある (高橋他, 2022b)。

6) 学習者が創作したストーリーには、引用文型や繰り返しなど言語面で GR からの影響が見られる (縄縄, 2023)。

くやゲーム、クイズなど、読み手との間に双方向性のある方法を選ぶケースが多い。中には、専攻や得意分野など、日本語学習以外の興味と結びつける発表もある。音楽専攻の学習者が詩に曲を付けたり、理系の学習者がオンラインゲームを作成したりと、そのアイデアはとどまるところがない[7]。松田 (2022) は、L2 言語能力がのびることは、自由で創造的な言語活動ができるようになることを含むとするが、本プロジェクトもその一例と言えるのではないだろうか。

5.　評価・教師の役割の再考

5.1　個別活動における評価

　個別活動をどのように評価するかというのは、大きな課題である。学校機関で多読を行う場合、学習者に対する成績づけは、避けて通ることができないからだ。個別活動中心の多読では共通テストはできない。英語多読では、出席点、本の要約、読書量、内容理解テスト、外部テストなどの方法で成績をつけることが多い (高瀬, 2010)。しかしながら、多読と通常の成績づけは、決して相性がいいとは言えない。楽しみを追求する多読に、テスト形式の評価方法は元来そぐわないからだ。日本での英語多読は社会人を中心に普及が始まった (高瀬, 2010) ことからもわかるように、多読は学校機関よりも先に、制度や成績づけにとらわれない生涯教育の 1 つとして広まっていったのである。

　本学の日本語多読は、A、B、Cといった成績を出す授業である。本授業では、出席と授業参加、様々な提出物の締め切り厳守のみを基準にしている。内容や日本語の正確さなどには一切点をつけず、レポートやプロジェクトの下書きなどの添削も最小限にとどめるようにしてきた[8]。これは、多読では学習者こそが活動主体であり、その個性や選択を最大限尊重するべきだという考えに基づいている。たとえば、一般的なプロジェクト活動では、日本語の正確さや発表方法、内容などに成績づけをするのが普通と思われるが、本授業では行っていない。

　4.2 で述べたように、プロジェクトでは教師の予想をはるかに上回るエネルギーを傾ける学習者が続出する。毎回出席し、締め切りさえ守ればいい成績がもらえるにもかかわらず、膨大な時間を費やすのである。成績のためではなく、純粋にやりたいという気持ちから創造

---

7) 本学のプロジェクト作品の一部は、大学図書館のウェブサイトで公開されている。https://digital-exhibits.library.nd.edu/a5fb1613e5/extensive-reading-in-japanese--nd (2023 年 4 月 5 日検索).

8) 本多読授業の評価については、纐纈 (2021) に詳しい。

性や自主性を発揮しているのだ。Mowrer (1996) は「成績づけによって学習者はいい成績をとることだけを目指しがちになり、創造性を発揮しなくなる」と述べる。一方、本プロジェクトでは、細かい成績づけをやめたことによって逆に創造性が発揮されているのだと言える。言い換えれば、教師が作る成績基準が、その枠に学習者を入れてしまい、創造性や自主性を阻害しているのではないかと考えられる。これは成績づけにとどまらない。授業における様々な教師のコントロールが、本来自分の学習を主体的に進めるべき学習者たちを、受け身の立場に追いやっているのではないだろうか。

　筆者は学期初日に、各自のレベルやペースは違うのだから、クラスメートと自分を比べないことを強調する。他の授業と違って、テストもなく競争もない。多読では、過剰なストレスなしにリラックスしながら自らの学習を進めていくことができるのだ。これが、学習者のウェルビーイングにも大きく貢献しており、多読の利点の 1 つだと考えられる [9]。

5.2　多読における教師の役割

　5.1 で述べたことは、授業における教師の役割の再考にもつながっていく。多読はいわゆる「教えない授業」の一例である。学習者の個別読書中、教師は何をすべきなのか。あくまでも主役は学習者たちであり、教師は裏方に徹するべきである。共通教材を使う授業に慣れている教師にとって、多読では発想の転換が求められる。学習者オートノミーを育てようと思ったら、体にしみついた「教える」という行為をやめなくてはならない (青木・中田, 2011) が、これは多くの教師にとって容易ではないようである。皮肉なことに、教えない授業に抵抗を示す教師自身が、多読普及の一番の障害であるという (Ewert & Hardy, 2015)。

　多読では、まず読書しやすい環境を整えることが大切である。本の購入はもちろん、保管や運搬についても考える必要がある。よほど上級でない限り、学習者はタイトルではなく、絵によって読む本を選ぶ。そのため、授業前に本の表紙が見えるように平台に並べておかなければならない。その際選びやすいように、レベル別、ジャンル別など並べ方を工夫する。読書中は、活動がスムーズに進んでいるかよく観察し、必要に応じて個別対応をする。タイミングを見計らって話しかけたり、本をすすめたり、質問に答えたりする。また、全体読みやブックチャット、参考リソースの紹介なども行う。

　個別活動における教師の役割として重要なのは、一人ひとりの学習者に寄り添うことであ

---

9) 高橋・クック (2022) は、自己肯定感、ストレスリリースなどの点で多読がウェルビーイングに効果的であると述べる。

り、これこそが多読支援の真骨頂と言える。同様のことは大人数の一斉授業では到底不可能であるからだ。個々の学習者とじっくり話す時間を持つことで、学習者と教師の間に信頼関係が構築される。結果、従来教師が担っていたコントロールを徐々に学習者に委ねていくことができ、より学習者主導へと結びつくのである。

6. 多読の力：日本語教育が目指すもの

　岩﨑 (2022) は、課題遂行能力を重視するプロフィシェンシーの概念だけでは、L2 使用者の目指すコミュニケーション能力は十分に捉えられないと述べる。當作 (2021) は、予測がつかない社会の中で生きていくために、スキル重視のツールとしての日本語教育から人間形成の日本語教育への転換を説く。名嶋 (2023) は、日本語ができるようになることは成長ではあるが、人としての成長として局所的であると主張する。

　筆者も、多読活動を続けるうちに、日本語教育が目指すものは、言語のプロフィシェンシーを超えた、人間の成長に必要な様々な力ではないかと考えるようになった。それは、自分を取り巻く様々なことに能動的、積極的に関与していく姿勢であり、新たなものをすすんで創り出す力であり、また自律的に学習を継続していく力でもある。　むろん、2.2 で述べたように、多読が読みの運用能力を伸ばすことは明白である。しかしながら、多読で目指すことは、テキストのみを理解する力ではない。読書には正しい答えがあるわけではなく、学習者に正解にいきつくことを求めるべきではないだろう。読書によって人は心を動かされ、気持ちを揺さぶられる。読書とは、様々な知識を与えるにとどまらず、色々な形で人間を成長させ、心を豊かにするものであり、それは外国語であっても同じはずである。読書によって得たものが精神的安定をもたらし、ウェルビーイングにも結びついていくのだ。

　しかしながら、授業受講者のみが、このような多読の恩恵を受けるべきではないだろう。多読的なアプローチは、他の一斉授業にも応用されるべきだと考えられる。大槻・高瀬 (2012) は、英語力向上のために学校での教科書と多読教材の併用を提案する。日本語でも、個別活動およびインプットを増やすという多読の特色を、もっと一斉授業に入れ込むべきだろう。読み聞かせや動画視聴、すきま時間を使っての個別読書など、色々工夫できるのではないかと思う。

　個別活動である多読は、柔軟性に富み、様々な教育現場に応用がきく。レベル混在のクラスでも可能であるし、実践の場も、大学や日本語学校、地域の教室、継承語教育、オンライン個人授業など幅広く、国や年齢も問わない。多読は、多様な学習者・教師・支援者・関係

者が、様々な機関や国、言語の枠を超えて交流するインクルーシブな場をも提供しはじめているのである [10]。

　多読に代表される個別活動の持つ可能性は、まだ他にもあるに違いない。今後、多くの実践や研究が進むことに期待したい。

参考文献

青木直子・中田賀之 (2011).「あとがき」青木直子・中田賀之 (編),『学習者オートノミー』264-266. ひつじ書房.

岩﨑典子 (2022).「SLA研究におけるL2能力観の変容―プロフィシェンシー再考―」鎌田修 (監修),『日本語プロフィシェンシー研究の広がり』393-404. ひつじ書房.

NPO多言語多読 (2009).『レベル別日本語多読ライブラリーにほんごよむよむ文庫レベル0 vol. 1：桜』アスク出版.

大槻きょう子・髙瀬敦子 (2012).「多読用図書教材が英語習得に及ぼす影響―L1児童用英語絵本と中学英語教科書との違い―」関西英語教育学会紀要『英語教育研究』35, 63-78.

齋藤伸子・松下達彦 (2004).「自律学習を基盤としたチュートリアル授業」『Obirin Today―教育の現場から―』4, 19-34.

酒井邦嘉 (2011).『脳を作る読書』実業之日本社.

髙瀬敦子 (2010).『英語多読・多聴指導マニュアル』大修館書店.

髙橋温子・クック平山史子 (2022)「多読によるプラス要素の再考察―通常授業内「ちょこっと多読がもたらす学習者のウェルビーイングへの有効性―」*Proceedings of the 28th Princeton Japanese Pedagogy Forum*, 243-257.

髙橋亘・粟野真紀子・片山智子・作田奈苗・縫部憲子 (2022a).『日本語多読 (上)―広がり深化する多読―』webjapanese.

髙橋亘・粟野真紀子・片山智子・作田奈苗・縫部憲子 (2022b).『日本語多読 (下) ―新たな挑戦と資料集―』webjapanese.

當作靖彦 (2021年4月).「ニューノーマル、ネクストノーマル時代の日本語教育―日本語を教えない日本語教育」American Association of Teachers of Japanese Webinar.

---

10) 2020 年以来 NPO 多言語多読が主催する「オンライン日本語多読クラブ」には、40 カ国以上からのべ 800 人近くが参加している。また本学では日本語以外の外国語の多読用図書も揃え、定期的に「多言語多読クラブ」を開催している。

トムソン木下千尋 (2008).「海外の日本語教育の現場における評価—自己評価の活用と学習者主導型評価の提案—」『日本語教育』136, 27-37. 日本語教育学会.

トムソン木下千尋 (2009).「オーストラリアの日本語教育」トムソン木下千尋 (編),『学習者主体の日本語教育』3-28. ココ出版.

名嶋義直 (2023).「風立ちぬ　いざ旅立ちのとき」オンラインマガジン「トガル」[https://www.togaru.online/najima] (2023年4月5日検索).

纐纈憲子 (2021).「個別活動における評価: 多読授業での教師の内省から」*2021 Canadian Association for Japanese Language Education Annual Conference Proceedings*, 13-21.

纐纈憲子 (2023年2月).『個別活動における教師の役割とは：多読がもたらした教師の内省』2023中東・北アフリカ日本語教育シンポジウム口頭発表.

松田真希子 (2022).「言語教育実践としての多言語漫才の可能性」鎌田修 (監修),『日本語プロフィシェンシー研究の広がり』419-431. ひつじ書房.

Batic, J. & Haramija, D. (2015). The importance of visual reading for the interpretation of a literary text. *CEPS Journal, 5-4*, 31-49.

Day, R. & Bamford, J. (1998). *Extensive reading in the second language classroom*. Cambridge University Press.

Ewert, D. & Hardy, J. (2015, November). Integrating Extensive Reading Models into Curricular Programs. Keynote Speech at Extensive Reading Symposium: Empowering Autonomous Learners, Univ. of Notre Dame, Notre Dame, IN.

Krashen, S. & Bland, J. (2014). Compelling Comprehensible Input, Academic Language and School Libraries. *Children's Literature in English Language Education Journal, 2*, 1-12.

Mowrer, D. E. (1996). Giving up the Grade Chase for a Competency-Based Education. *National Student Speech Language Hearing Association Journal, 23*, 69-77.

Nation, P. & Waring, R. (2013). *Extensive Reading and Graded Readers*. Compass Publishing.

Royce, T. D. (2006). Multimodal Communicative Competence in Second Language Context. In Royce & Bowcher (Eds.), *New directions in the analysis of multimodal discourse*, 361-390. Routledge.

Serafini, F. (2014). *Reading the Visual: An Introduction to Teaching Multimodal Literacy*. Teachers College Press.

クリティカルリテラシーの観点から読み教育について考える

―『ジャンル別日本語 ―日本をクリティカルに読む』を例に―

熊谷由理 (スミスカレッジ)

要旨

　日本語教育で「読み」の指導をする際、教師は何を目的に、どんなテクストを用い、どのような活動を設計するのだろうか。本稿では、「読む」という行為は社会活動であると位置づけ、クリティカルリテラシーの観点から批判的な読みの教育について考える。クリティカルリテラシーでは、言語学習・習得を目的とした字義理解を超え、ことばによって構築される世界を読み解くことを目的に、テクスト作成者のことばの選択に学習者の注意を促すことで、「クリティカルなことばへの気づき」の育成をめざす。その教育実践の一例として、筆者が協働開発した『ジャンル別日本語：日本をクリティカルに読む』(Iwasaki & Kumagai, 2015) を基に、理論的背景、教材開発における留意点、評価・アセスメントのあり方、そして、実際の教室活動と参加学習者の「声」を紹介する。最後に、批判的な読みの教育がめざすクリティカルなことばへの気づきを培うことは、誤情報や偽情報の氾濫する「今」まさに、ことばの教育の果たすべき重要な役割の一つであることを指摘する。

キーワード：批判的な読みの教育、クリティカルリテラシー、ジャンル、クリティカルなことばへの気づき、
　　　　　　トランスリンガル・アプローチ

On Reading Education from Critical Literacies Perspective

Lesson from creating "A genre-based approach to reading as a social practice"

Yuri Kumagai (Smith College)

Abstract

　　This paper discusses reading education in Japanese as an additional language from the perspective of critical literacy. Critical literacy is a pedagogical approach that focuses on the power relations that writers create through the use of language in texts. It aims at developing students' "critical language awareness"(Fairclough, 2014) by guiding them to engage in linguistic analysis of the texts. In order to illustrate how critical reading education can be practiced, using the reader that my collaborator and I created (Iwasaki & Kumagai, 2015) as a model, I discuss the theoretical framework for designing the reader, the criteria for selecting authentic texts, the types of questions and activities that assist students' critical engagement with texts, and assessment tools used in actual teaching practices. By sharing some of the students' "voices" from the classroom, I argue that critical literacy is profoundly important, now more than ever, in this age of (dis)information.

Keywords: critical reading, critical literacy, genre, critical language awareness, translingual approach

1. はじめに

　日本語教育で「読み」の指導をするにあたり、教師は何を目的に、どのようなテクストを用い、どのような活動を設計するのだろうか。口頭でのコミュニケーションが最重視される現行の日本語教育において、「読み」教育はどのような役割を担うことができるのだろうか。教材開発、教育実践には、教師自身の支持する理論的立ち位置が強い影響を与えることは言うまでもない。さらには、教師の行う教室実践が、学習者の読みの習慣や読みに対するビリーフを強化するというのも事実であろう。

　本稿では、「読む」という行為は社会活動であると位置づけ、クリティカルリテラシーの観点からどのような読みの教育活動が可能であるのかを考える。以下、まず、現行の日本語教育における読み教育の特徴と問題点をあげる。次に、本稿で論じるクリティカル (批判的) な読みの教育の理論的背景として、クリティカルリテラシーとジャンル概念、さらに、昨今の言語教育で議論されているトランスリンガル・アプローチの理念を紹介する。

　次に、筆者らが英語圏の大学で日本語を学ぶ中上級レベルの学習者を念頭に開発した『ジャンル別日本語—日本をクリティカルに読む』(以下『日本をクリティカルに読む』) (Iwasaki & Kumagai, 2015) の作成にあたり考慮した点、また、その教材で授業を行った際に実施した評価・アセスメント活動に関して、より最近の「外国語」[1] 教育での読み教育に

---

1)「外国語」という用語には様々な問題 (例えば、日本・日本語にルーツをもつ学生にとって日本語は外国語ではない) があるが、本稿では米国の大学で日本語を教科として学ぶという文脈から、便宜上括弧付けの「外国語」を使用する。

関する議論も交えながら論じる。その後、教室活動実践例とそれに対する学習者の「声」も織り込みながら、クリティカルな視点を育むための読み教育の意義を考察する。

　最後に、近年のコミュニケーションツールやアプリの開発に伴い新たな形態のリテラシー活動が可能となった一方で、情報の氾濫、特に誤情報や偽情報が蔓延する「今」を生きる我々にとって必要な読みの力、そして、ことばの教育が果たしうる役割について論じることで、本稿を閉じたい。

2. 現行の読み教育の特徴と諸問題

　現行の日本語教育では、口頭でのコミュニケーションを最重視するという傾向のもと、特に初級中級レベルにおいて、読み (書き) 教育が付属的、補佐的な扱いになっている感は否めない。例えば、初級教科書『げんき』を例に見てみると、教科書の最後部に「読み書き編」が設けられ、課ごとに新出漢字表、漢字単語の読み方の質問、それに続き 1 〜 2 ページ程度の読み物と内容確認の質問がいくつかあげられている。内容確認の質問は、読み物に書かれている情報を抜き出すことを目的とした問いである。最後には、「書く練習」として、読み物をモデルに、似たような作文を自分自身に関連づけて書くような課題が提示されている。教科書によっては、「読み」の指導を目的としたセクションが全くないものもあるようだが、取り入れているものに関して言えば、上述の『げんき』とほぼ同様のパターンで構成されていることが多い (例えば、『ようこそ』) [2]。中級用になると、多くの教科書が読み物を中心に据えた構成となる。読み物の長さは初級と比べ俄然として長くなり、文中には多くの新出単語、表現、文法項目が織り込まれる。つまり、読み物を読み、内容の確認をしながら、語彙や文法の使われ方を学んでいくことが期待されているのである。

　このようなパターンが暗に示唆することは何なのだろうか。一般的に読み教育の目的は (特に初級中級の段階)、文字と音の関係 (漢字などの読み方)、語彙や表現、文法や文章構成等を理解、習得するための手段であると言える。つまり、読み物は「言語のデータ」(Alderson, 1984) であり、学習者は、そのデータを解読することで言語を学習すると考えられている。したがって、授業では読み物の逐語的な理解の確認ができたと教師が判断した時点で、目標が達成されたとみなされる (Wallace, 2003; 小川, 2006)。この「理解」は、大抵、学習者が読み物に付随している読解問題や教師の与える内容理解のための質問に対して期待通りの答

---

2) より最近出版された初級教科書では、スキャニング、スキミングといった読みのストラテジーを身につけることを目的とした読み教育の試みもみられる (例えば、『初級日本語とびら』)。

えができるかどうかによって判断される。これは、テクストにはひとつの「正しい」解釈があるという前提に基づいていると言えよう (Alderson, 1984; Wallace, 2003; 小川, 2006)。

　中級後半から上級のコースになると、学習者を対象に書かれた読み物ではなく、所謂「生教材」と呼ばれる日本語を第一言語／生活言語として使用する者を対象に書かれているテクストを教材として授業を行うことが多くなる。しかし、その場合でも、語彙や表現の習得と内容理解を主眼におき、加えて、内容に関する意見や感想を話し合うという指導のパターンが多いのではないだろうか。ここでは、テクストは学習者らが話し合いをするための情報や題材を提供するツールという役割も担うことになる (Wallace, 2003)。

　もちろん、「外国語」として日本語を学ぶにあたり、語彙や表現、文法を習得し、自分自身で使いこなせるようになることが必要なのは言うまでもない。しかし、読みの教育をそのような字義理解だけで終わらせてしまうことにはいくつかの問題がある。

　まず、漢字、語彙、文法、文章構成などの「言語学習」に過度な焦点がおかれているため、活動が単調、かつ、機械的に言語のパーツを習得 (蓄積) していくという作業になりがちで、学習者の知的好奇心を刺激することが少ない。さらに、テクストを「言語学習」のためだけに位置付けることで、テクストの背後には「書き手」が存在し、その書き手がなんらかの社会的な目的を達成するためにテクストを作成しているという事実を見えにくくしてしまう。それは、つまり、読み手である学習者にテクストの信憑性や中立性を当然なものとして受け入れることを要求することになる。たとえ中級用の教科書からの読み物であっても、そこには筆者がおり、テクストは学習者を対象者と設定し、標準語としての「日本語」を教えること、また、往々にして、ある特定の正統的な「日本文化」や「日本社会」の姿を教えることが目的とされているのである。そのようなテクストに対する批判的な話し合いはあまりなされないようである (熊谷, 2007, 2008; Iwasaki & Kumagai, 2008)。

　もう一つの問題点は、テクストに対する理解や解釈は、個々人のもつ様々な歴史的、社会的、文化的背景や読み活動のコンテクストによって異なってくるということを考慮していない点である。テクストの意味は、書き手と読み手の間での交渉を通して生まれるものであり、テクストに一つの絶対的な正しい意味が埋め込まれているわけでない。日本語教室での逐語的な理解にのみ焦点をあてた質疑応答は、そのような意味生成の多様性を学習者が経験する場を提供できない可能性がある。

3. 批判的な読みの教育にむけて：理論的背景

3.1 クリティカルリテラシー

　クリティカルリテラシーを説明するにあたり、まず、リテラシーの概念を定義したい。リテラシーは、どの理論に基づくかによって様々な定義や解釈があるが、本稿では、社会文化的アプローチ、批判的言語教育の理論に則り、「テクストについて、また、テクストを通して、意味を創造、解釈するための社会文化的な営みである」とする (Kern, 2000; Kramsch, 1989)。第二言語習得、言語教育の分野では、「読む」という行為に関して個人の頭の中で起こる認知的な側面が重視され、「読む」活動は、「話す」「書く」という活動と切り離して考えられてきた。また、通常、教室活動としての「読む」「話す」「書く」という活動は、読む―話す―書く (大抵宿題) という一連の流れで行われることが多い (Kern, 2000)。

　しかし、上記のリテラシーの定義にある「社会文化的な営み」という文言が意味するのは、「読む」という活動は、テクストについて考えたことを人と話したり、思ったことを書いてみたり、それをまた人に話して、さらに読み進める、といった社会文化的な活動を通して行われるという点であり、それらの活動は、密接に関係し合い、段階をへて直線的に行われるのではなく、重複し、行ったり来たりして行われるという点である。ちなみに、ここでいう「テクスト」とは、狭義の「言語」だけではなく、それ以外の意味生成の要素 (例えば、テクストのレイアウト、色使い、フォントの選択、イメージの有無など) も含む。したがって、「読む」という行為も、「言語」のみを指すのではなく、テクストを構成する言語を含む様々なモード (「ことば」)[3] を包括的に読み解く (Kress, 2010) という意味をもつ。

　上記に加え、クリティカルリテラシーとは、言語学習・習得を目的とした字義理解を超え、ことばによって行使される力関係、ことばによって構築される世界を読み解く (Freire & Macedo, 1987) ことを目的とし、テクスト作成者のことばの選択に学習者の注意を促すことで、「クリティカルなことばへの気づき (Critical Language Awareness)」(Fairclough, 2014) の育成をめざす教育アプローチ (Janks, 2010) である。具体的には、テクストを「事実」として鵜呑みにするのではなく、情報の出所を吟味し、書き手の意図を推測し、テクストとのやりとりを通して他者と自分自身のもつ前提や価値観を認識し、その過程で得た知識や情報を新たな目的のために変容していくことができるような力を育成することを目標とする (Kumagai, 2023)。

---

3) 本稿では、狭義の意味での「言語」や「言葉」に対して、ひらがな表記の「ことば」を言語とそれ以外の意味生成の要素 (セミオティックス) も含んだ広義の意味で使用する。

3.2 ジャンル

「ジャンル」には様々な定義があるが、選択体系機能言語学 (Systemic Functional Linguistics: SFL) の理論によると、ジャンルとは、「達成すべき社会的目的を重視した、いくつかの段階 (ステージ) を経る社会的プロセス」であるとされる (Martin, 1992)。つまり、ジャンルによって目的・ゴール・読み手は異なり、テクスト内の言語的選択も異なるのである。Cope and Kalantzis (1993, 2) は、リテラシー教育においてジャンルに注目する意義を次のように説明した。

> ジャンルとは、テクストの社会的目的と言語構成の関係を具現化したカテゴリーである。したがって、リテラシーを獲得するにあたり、学生は異なった社会的目的がいかに言語の規則性のパターンとして表されるのか、つまり、テクストの慣習性の理由と方法 ("the whys and the hows of textual conventionality") を、批判的に分析する必要がある。(翻訳は筆者による)

　元来、ジャンルペダゴジーは、第一言語での教育において「言語資本・文化資本」(Bourdieu, 1991) をもたない児童を対象に、「力をもつディスコース」を明示的に教育することを目標に開発されたアプローチ (Kalantzis & Cope, 2005) であるが、その後、第二言語としての英語教育でのアカデミックリテラシー教育などで積極的に取り入れられるようになった。しかし、(英語以外の)「外国語」教育でジャンルを基にカリキュラムを開発している例は少ない (例外として、川光, 2018; 行木・岩﨑, 2019; Kawamitsu, 2015 など)[4]。ジャンルを学ぶことがエンパワメントになると言われる一方で、固定的にジャンルを教えることへの批判も指摘されている。「型」としてジャンルを教えることは、現状を無批判に正統なものとして維持し、学習者の創造的なことばの使用や言語使用の変革の可能性を奪うというものである (Janks, 2010; Cope & Kalantzis, 1993)。

　こういった議論を踏まえ、本稿で紹介する読みの教育では、学習者がジャンルの型を再生産できるようになることを目的とするのではなく、ジャンルによる特徴的な言語の選択や構成を認識することで「力をもつ日本語のディスコース」を理解すると同時に、その理解を批判的、創造的にことばを使っていくための資源として、ことばのレパートリーの拡張に役立

---

4) 米国ジョージタウン大学のドイツ語学部では、5 レベルにわたる体系的なカリキュラムとしてジャンルアプローチの開発が進められている。詳しくは、Byrnes 他 (2006) などを参照。

てることをめざす。

3.3 トランスリンガル・アプローチ

　従来、外国語教育においては、「標準語」を唯一の「正しい」言語として位置付け、(モノリンガルな)「母語話者」を基準に、「目標言語だけ」を教室ルールとして授業を計画、実践するモノリンガル・アプローチが主流である。このようなモノリンガル規範を基に行われる言語教育に対して、様々な批判がなされてきている (Flores, 2013; Ortega, 2019)。中でも、最近では、トランスリンガル・アプローチからの議論が目立ってきている。例えば、トランスランゲージングを提唱するLi Wei (2018) は、学習言語に加え、第一言語やその他の言語を (学生によっては家庭言語と学校教育言語が違う者やすでに複数の「外国語」を学んできた者もいる) 言語資源としてもつ複言語／多言語話者である学習者にとって、それらの豊かな言語資源をコミュニケーションの状況によって効果的に駆使できる力を伸ばすことが、ことばの教育の真髄であると議論する。

　批判的な読みの教育では、トランスリンガル・アプローチも援用する。例えば、ことばの分析を行う時、日本語だけでは深い議論が難しいのであれば、英語での話し合いを行うことを奨励する。また、「翻訳」とは、言語と言語の間を行き来するトランスリンガルな活動であると理解し、日本語特有の語彙や言い回し (複数存在する一人称代名詞の使い分けやオノマトペ など)や社会・文化特有の情報などを、どのように翻訳するのか (しないのか) といったことばに対するクリティカルな視点を培うための有効な活動であると考える (Kumagai & Kono, 2018)。日本語教室での、こういった戦略的なトランスリンガルなことばの使用は、学習者が自らの言語資源を最大限に活用し、ことばのレパートリーを拡張していく上で重要な意義をもつと考える。

4.　批判的な読みの教育をめざした教材開発

　本節では、『日本をクリティカルに読む』(Iwasaki & Kumagai, 2015) の作成にあたり、読み教育の目標設定、テクストの選択、足場かけ (スキャフォールディング) のための質問作りに関して、考慮した点を紹介したい。

4.1　目標の設定

　クリティカルな読みの教育の目標として次の 4 点を設定した。

1) テクストの社会的な位置付けを理解する。

2) 書き手が誰を対象に、何をテクストの目的として、どんなことばを選択しているのかに注意を払い、その効果に気づく。

3) テクストの内容を他の分野や社会と関連づけて考える。

4) 自分自身の読み活動のゴールを確立し、自律した読み手・ことばの使い手をめざす。

　これらの目標を達成するために、どのようなテクストを選択し、学習者の理解や分析を助けるための仕掛け・足場かけとして、どのような質問やタスクの開発を行ったのか、以下詳述する。

4.2　テクストの選択

　テクストを選ぶ際には、ジャンルとテーマの両側面を考慮した。様々なジャンルに属す複数のテクストを読むことで、ジャンル特有の慣習化された文章構成のパターンや表現を学ぶとともに、その規範から逸脱したハイブリッド的なジャンルの出現やジャンル自体の流動性についての話し合いをもつことも可能になる。具体的には、新聞・雑誌 (紙媒体と電子媒体)や書籍から、「報告する」「主張する」「批評する」「物語る」「経験を語る」「話しことばを再現する」といった一般的に散見されるジャンルを選んだ。また、テクストを教材として開発する際に、オリジナルのフォーマットを保つよう心がけた。これは、読み手である学習者がテクストの視覚的な特徴 (例えば、レイアウトや紙面／画面構成、縦書き／横書き、フォントのサイズや種類、イメージや図表の位置など) も意味作りの要素として「読む」ことが必要だと考えるからである。

　テーマに関しては、学習者の関心や興味、知的好奇心を刺激するような内容、学習者自身をとりまく文化や社会について考えるような内容、さらには、「日本」に対するステレオタイプ的なイメージを再考し、日本語、日本文化、日本社会の多様性や流動性を理解する機会を与えるような (久保田, 2008) 内容のテクスト (方言、琉球語、アイヌ語に関して、日本に住む多様な背景をもつ人々について、日本語を「母語」としない筆者が書いた記事やエッセイなど) を積極的に選んだ。

4.3 内容理解とテクスト分析のための仕掛け・足場かけとしての質問づくり

4.3.1 「読む前に」

　まず、「読む前に」では、読み物の社会的な位置づけをするために、出典と筆者についての背景情報を与えたり、学習者自身がそういった情報を得るためのタスクを考えた。新聞、雑誌、書籍などに日本語で発表されたテクストは、通常、日本語を第一言語／生活言語として使用する者や日本在住者を対象に書かれており、それらの読者が「知っているであろう」前提や情報は記されていない。したがって、学習者は、その読み物が書かれた歴史的・社会文化的な時代背景、対象読者が共有しているであろう筆者の略歴や社会的地位、また、そのテクストがどのような政治的傾向（革新的、保守的など）をもつどんな媒体（新聞、雑誌、文学書など）に発表されたのかを把握してから読むことが望ましい。それらの情報を基に、テクストが想定する読者層や出版社のねらい、筆者のテクスト作成の意図や目的などを推測することができるからである。

　次に、テクストを読む前に、タイトルや見出しなどから、どのような内容なのかを推測したり、テーマやジャンルに関して学習者自身の経験や知識などを話し合ったりするための問いやタスクも準備した。読み物の中で使われている新しい語彙の負担を軽減するために、キーとなるいくつかの重要な語彙はこれらのタスクを通して理解できるような仕掛けも試みた。このような「読む前に」行う話し合いや情報交換を通して、テクストについての知識やイメージを喚起した上で読みはじめることは、読みの足場かけとしての役割を果たすと考えた。

4.3.2 「読みながら」

　学習者が、「読みながら」テクストについて考える2タイプの質問を作成した。1つ目は、テクストの内容理解を助けるための質問である。ここで注意したのは、初級レベルで行われるような字義理解を目的とした読み方、テクストの中に質問の「答え」を見つけることを目的とした読み方から脱皮するために、一語一句の意味を正確にわかることをめざすのではなく、テクストの構成を考えたり、読み物の全体的な意味を把握するためのキーとなる文を判別したり、読み物の主題を考えたりすることを促すような問いを提示した。

　2つ目は、テクストが属するジャンルに特徴的な言語使用の傾向、また、テクストを深く解釈するために重要な筆者のことばの選択に、学習者の注意を向けるための質問である。具体的には、以下のような項目に注目するよう工夫した。

1) 文字：漢字、ひらがな、カタカナ、ローマ字（例：言葉、ことば、コトバ、kotoba）

2) 語彙：和語、漢語、外来語、オノマトペ（例：ほほえむ、微笑する、スマイルする、
　　　　 ニッコリする；書き手、筆者、ライター）

3) 語彙（異なった視点）：いじめる／からかう、干渉／援助

4) 文体：「です・ます」体、「だ」体、「である」体、文体シフト、体言止め、倒置など

5) 文型：使役形、他動詞・自動詞、受動態など

6) 文章構成

7) 引用：直接引用、間接引用

8) マルチモード：フォントの種類や大きさ、レイアウト、色使い、写真など

　こういった筆者のことばの選択に注意を払う理由は、たとえそれが無意識になされたものであっても、何らかの意図（読者に伝えたいメッセージや筆者の信条など）を含んでいるからである。なぜ、ある言葉は、漢字があるのにひらがなで書かれているのか。なぜ、日本語の単語なのにカタカナが使われているのか[5]。ここで使役形を使うことで、どんな視点を強調したいのか。テクストの冒頭に直接引用文をもってくることで、どんな効果を期待したのか。イラストがあるテクストとないテクストでは、印象にどんな違いがでてくるのか。こういった問いを次の「読んだ後で」のタスクで深く分析し話し合うために、この段階では「気づく」ことを目的とする。

4.3.3 「読んだ後で」

　「読んだ後で」には、3種類の質問を準備した。まず、1つ目は、テクストの重要な内容の理解を確認するための質問である。次に、「ことばについて考えよう」と「内容について考えよう」という質問を準備した。「ことばについて考えよう」は、「読みながら」で注目させた項目について分析し、意見を交換し合う。例えば、書き手の信条や社会的立ち位置、テクストの目的が、どのようなことばの選択に具現化されているか、テクストの社会的目的達成という観点からその選択は効果的か、その選択は読み手にどのような立ち位置を求めているか（例えば、同意／同調する、反発する、考えを更新するなど）を考え、自分なりの意見

---

5) 筆者が初級-上～中級-下レベルの学習者を対象に開発した「カタカナプロジェクト」は、「外来語」に使われると教科書で説明されるカタカナ使用の現実を分析することで、文字の選択に対するクリティカルな視点を培うことを目的とした「読み」の教育実践である（熊谷, 2007）。

や印象を話し合う。「内容について考えよう」では、書かれていたことを自分の経験や状況に絡めて考え直したり、違った立場から批判したり、テクストの外に出てより大きな関連トピックについて考えたりすることを促すような質問を準備した。それに加え、読む（書く）という活動について学習者が深く考え、内省するきっかけやトピックをより深く追求していきたくなるような動機付けとなるような問いを話し合いの中で投げかけるよう努めた。

　ここで重要なのは、質問には一つの正解がないという点である。ことばの選択に関する解釈や反応は、読み手それぞれのもつ様々な社会文化的な背景や経験などによって大きく異なる。特に、書き手が対象読者として想定していない学習者らだからこそ可能な様々な解釈や反応を、教室という「安全な場」で自由に議論し合い、解釈の多様性を経験することは、自分自身の考えを振り返る機会ともなり、それは「読み」の教育にとどまらず、自分自身のことばに対する鋭敏な感覚を伸ばすと同時に、教室外で遭遇する自分と異なった考えをもつ他者を理解するための糧となるはずである。最後に、「書いてみよう」というタスクを設け、学習者がテクストを通して学んだ言語的な知識（例えば、語彙、ジャンル、スタイルなど）と内容に関する知識を生かし、タスクに明記された想定読者とテクストの社会的な目的を念頭に書くという活動を行う。

5.　批判的な読みの教育の評価・アセスメント

　学校教育で「評価」というと、往々にして試験やテストで学習の結果を数値化し、成績を算出し、学生を序列化するために教師が行う活動と同一視される傾向がある（佐藤・熊谷, 2010）。本稿では、代わりに「アセスメント」という用語を用い、それを「カリキュラムの改善や学習の向上に活かすために、学習（過程と結果）に関する査定（評価）を行うための様々な方法」（ギップス, 2001; 佐藤・熊谷, 2010; 近藤ブラウン, 2012）と広く定義する。

　アセスメント（評価）を考えるにあたり、「誰が何をどのように評価するのか」という問いは、避けて通ることができない。社会文化理論、批判的理論に依拠する批判的な読みの教育のアセスメントでは、形成的アセスメントを重視し、学習者ひとりひとりの学びの過程をモニターしながら、次の学びへと導くことが求められる。また、教師が一方的に学習者を評価するのではなく、学習者が自分自身の学習をセルフ・モニタリングできる能力を伸ばすために、両者が様々な方法でアセスメント活動に参加するのが望ましい（石田, 2021; Morgan & Wyatt-Smith, 2000）。

　筆者の実践する批判的な読みの教育では、学習者の学びの過程をモニターしフィードバッ

クを与え、必要に応じて指導を調整するために、様々なアセスメント活動をカリキュラムに組み込んだ。具体的なツールとして、まず、「リーディング・ジャーナル」、「フリー・ライティング」を挙げたい。「リーディング・ジャーナル」とは、事前学習として授業前にテクストへの反応を自由に書いて授業にもってくるという活動である。「フリー・ライティング」も同様に読み物についての反応を書く活動であるが、これは、授業開始時に 10 分程度の時間をとり教室内で行う。その際、時には、授業での焦点となるポイントに関しての質問を一つ与え、それについて思ったことを書くという作業も行った。このような「書く」活動は、学習者のテクストについての考えを深化させ、教師は学習者のテクストとの内的なやりとりや反応をうかがうことができる。学習者が書いたものに対しては、その「良し悪し」や言語の「間違い」を修正、指摘するというコメントはせず、筆記での対話の場と位置付けてフィードバックを与える。

　次に、4.3 で詳述したテクストに関する質問への筆記回答もアセスメントツールと位置付けられる。学習者には、予習の際、該当する質問について考え、「答え」を書いてくることが課題として与えられている。その考えたことを基に、授業での話し合い (ペア、小グループ、全体) に臨むわけであるが、話し合いを通して自分の「答え」に変化が起こった場合は、別の色のペンでそれを書き加え、授業終了時に提出することにした。これは、教師が、学習者の「答え」を見た時、自習で理解できたこと、ひとりでは困難だったこと、授業での話し合いを通して理解できたこと、解決できた問題などが、一目で判断できるからである。これも学習の過程をモニターするための効果的なツールであると同時に、今後の足場かけとしての質問づくりに向けて、教師にとって内省用の資料ともなる。

　同様に「書いてみよう」の課題 (上述) もアセスメントツールである。このタスクでは、学習者が課題のジャンル (社会的目的) に適したテクストを、学習した語彙や文型、その他の要素を効果的に選択してテクストを創作できるかという「言語学習」の評価の対象となる。また、ピア・アセスメントの一形態として、ピア・レビューの過程を組み込むことで、学習者もクラスメートの作品に対する評価活動に参加することになる。その過程でピアの多様な作品に接することは、自分のことばの選択に対しての振り返りを促す機会ともなる。

　最後に、学期末には、読みの授業に関するアンケートも行っている。学期を通してどんなことを学んだか、「批判的な読み」に対する反応や理解などについて自己内省・自己評価をする機会を与えるためである。同時に、教師はそこから得た知見を次のカリキュラム作りに役立てることができる。

6. 批判的な読みの教育の実践例

　本節では、3.3 で説明したトランスリンガルなアプローチを援用した批判的な読み教育活動の一例として、『日本をクリティカルに読む』から日米新聞の読み比べを扱ったユニットの実践 (Kumagai & Iwasaki, 2015 も参照) を紹介する。

6.1 「日米新聞読み比べ」ユニット

　本実践は、教科書を使っての学習を終え生教材のみを扱う筆者が担当する 3 年生コースで、新聞からのテクストを読みはじめる導入もかねて、70 分授業 3 コマをかけて行ったユニットである。ジャンルは「出来事の報告」で、朝日新聞と New York Times (どちらもデジタル版) が同じ日 (日本時間 2009 年 12 月 5 日、米国時間 6 日) に報道した同じ事件についての記事 (「米兵の子 4 人を殺人未遂容疑で逮捕バイク女性転倒事件」「4 American Teenagers Arrested in Japan」) を扱った。記事の主旨は、2009 年 8 月にバイクに乗っていた女性が道路に張られていたロープで転倒し重傷を負った事件で、最終的に横田基地所属の米兵の子 4 人を逮捕したという報道である。テクスト構成は SFL の「詳述 (RECOUNT) (過去に起こったことを実際の順序で詳細に述べる)」(Hyland, 2004, 29) にあたる。

　ユニット初日は、前作業として New York Times の記事 (200 語程度) を、教室内で読んだ。日本語の記事を読む前に、同様の内容を英語で読むことで、生教材に慣れていない学習者がテクストを理解するための足場かけとした。日本語の記事で使われている重要な語彙を与え、英語の記事の要約を日本語で考えるというタスクをグループで行い、キーとなる語彙の導入を図った。その後、なぜこの記事が New York Times に取り上げられたのかを話し合い、事件のもちうる社会的な背景や読者の興味について考えた。さらに、英語と日本語の記事の内容にどんな違いがありうるかブレインストームを行った。

　2 日目は、「読みながら」と「読んだ後で」の内容理解の質問を中心に、テクストの特徴と内容について話し合った。「読みながら」の質問では、最も重要な段落を識別し、記事に登場する人や機関、事故から逮捕までの時間の流れを示す単語を見つけるよう促した。これは、単に記事の大まかな内容を把握するためだけではなく、「詳述」ジャンルの特徴的な構成 (ステージ) を把握することも目的とした。他には、文末表現、直接引用文などテクストの特徴にも注意を払うよう指示した。その後、内容理解の質問で、記事の内容の理解を確認した。

　3 日目には、テクストで使われていることばの分析と読み手が受ける効果について話し

合った。特に、記事の見出し、使役形の使用、記事に書かれている情報の差に焦点をあてた。例えば、書き手の視点がどのように文型の選択に埋め込まれているのかを考えるため、記事で使われていた使役文について以下のような質問を与えた。

質問例：

段落2の最後の文「逮捕容疑は〜もの。」の文では、使役形（「転倒させ」「重傷を負わせた」）が使われています。どうしてこの場合は使役形が使われているのでしょうか。次のaとbの文を比べて読者の印象がどう違うと思いますか。

a. 4人がロープを張り通りかかった女性を転倒させ、重傷を負わせた。

b. 4人の張ったロープで通りかかった女性が転倒し、重傷を負った。

(Iwasaki & Kumagai, 2015, 19)

記事の読み比べを通して、対象読者の違い（背景知識の差）、ニュースのもつ社会的な意義・重要性の差、さらに、記者（書き手）自身の出来事に対する視点や想定される読者がもっているであろう視点が、どのように情報の選択やことばの選択に具現化されるかを理解することをめざした。

最後に、「書く」タスクとして次のような課題を与え、ユニットを終了した。

書いてみよう：

あなたの日本人の友人がニューヨークタイムズを読んでいるアメリカ人と同じ職場で仕事をしていたら、記事の情報の違いで誤解が生じるかもしれません。両方の記事を読んだあなたは、どんな情報のズレがあるのか、アメリカ人の印象や意見が違うかもしれないことについて、日本人の友人にメールを書いて教えてあげてください。

(Iwasaki & Kumagai, 2015, 19)

この書くタスクでは、テクストと同様のジャンルで書いてみる目的の代わりに、学習者に自分が複数の言語の資源をもつことばの使用者であるという自覚を喚起させ、その資源を使ってどのような社会への働きかけができるのかを考える機会を提供することを目的とした。

6.2　学生の気づき

　ここでは、上記の教室活動に参加した学習者の授業でのやりとりと学期終了後に行ったインタビューを基に、学習者の気づきを3点ほど紹介する。

　まず、学習者は、新聞記事の内容やことばの選択 (例えば、見出し) に違いがある理由について、「違う国が違う歴史がありますから、対象読者の経験は違います。だから、記事のフォーカスが違うかもしれません」、「視点が違います。読者は、新聞の興味が違います」、「自分の国は、自分の政治の視点があるから、バイアスがあると思います。だから、記事に違うの情報を入ります」などと、意見を述べた。また、ある学生は、インタビューで「I never seriously thought about, um, how the perspectives can be different, if it's not just along political parties…but it's cultural difference, like based on histories and experiences…」と述べた。このような反応から、政治的思想といった明らかな視点の違いが記事に書かれることは当然だと理解していても、違う国の歴史や読者の経験 (“collective memories”) といった社会文化的な状況や視点もが、記事の書き方や情報の選択に大きく影響することに気づいたことがわかる。

　次に、学習者は、ニュースの報道において、「事実」と「意見」の間には明確な線引きができないということも実感したようである。例えば、ある学生は授業で次のような発言をした。「この2つの記事のレッスンは、同じ事件は、どんな情報を発表して、どうやって書いてある[かという]ことも意見です。だから、読む時気をつけたほうがいいです」。別の学生もインタビューで、「…you know, even in account that seems to be dry and without any kind of opinion in there, are actually opinionated by grammatical structures and what facts are being reported.」と語った。さらに、別の学生は、これまでの読みの授業と比較して、「Before this semester, I learned a lot of things just as they were, like blah blah blah desu, masu. Like this is the fact. But… you use your language in certain ways to bring about certain feelings, or certain, um, like perspectives. That's pretty evident in these articles.」と述べた。これらの学生の発言が示唆しているのは、何が書かれているかに加え、どう書かれているかも読み解くことが必要だという気づきの獲得である。

　そして、多言語で「読む」ことができるという自分たちの能力を生かして、どのような社会的役割を果たすことが可能だと思うかというインタビューでの問いに対して、複数の学生が、同様の技量をもたない他者のために、「言語・文化・視点の仲介者」として役割を担うことが大切だと語った。

I think, kind of a mediator between the two viewpoints, I guess. Since I know a lot of people who read one thing and they are like "this is how it is, I read an article about this". And it's like, well, there's always this other take on it, ⋯there's always more detailed or less detailed things. So I think just keeping people aware that there are different details⋯ Just keep people's minds open to the cultural differences. I think it's really important.

　以上のような学生の気づきが、今後、多種多様なテクストと接する際の立ち位置になんらかの影響を与え、多言語話者であるからこそ可能なリテラシー活動を行なっていくための原動力となることを願う。

7.　むすびに代えて

　近年のインターネットの世界的な普及は、世界中のありとあらゆる情報への瞬時のアクセスや、多様な人々とのコミュニケーションを可能にした。さらに、様々なツールの開発は誰もが情報の作成・発信活動に参加できる機会をもたらした。しかし、それは同時に、情報の氾濫という状況も呼び起こした。「偽情報・フェイクニュースの時代」と呼ばれる「今」を生きる我々にとって何よりも大切なのは、情報を鵜呑みにするのではなく、その信憑性を見極め、ことばを使って公正な社会の想像／創造に関わっていけるような力（クリティカルリテラシー）ではないだろうか。批判的な読みの教育は、読み書きの基礎的なスキルだけでなく、言語使用のコンテクストとことばの選択との関係や社会に存在する力関係がどのようにテクストに埋め込まれているのかを理解することも可能にする。

　では、それを、「外国語」としての日本語で行う意義は何なのだろうか。本稿での学生の文言からもうかがえるように、「外国語」を通して社会を読むことは、様々な異なった視点から物事を考えること、また、別の視点を社会に提供するための「声」を得ることも可能にする。批判的な読みの教育を通してクリティカルなことばへの気づきを促す日本語教育活動が、学習者にとって、自分自身のことばをつくり、エージェンシーをもったことばの使い手となっていくためのささやかな支援になることを願うことで本稿のむすびとする。

熊谷由理

付記

　本稿は、岩﨑典子氏との長年にわたる協働教材開発、共同研究が礎となっている。その過程での話し合い・意見交換の振り返りと筆者自身が近年考えていることを織り交ぜて、執筆にあたったことを明記し、岩﨑氏への感謝の意を表したい。

参考文献

石田智敬 (2021).「ロイス・サドラーによる形成的アセスメント論の検討」『教育方法学研究』46, 1-12.

小川貴士 (2006).「内包された読者と伸展するテキスト―読みのテキストを学習者が創る活動についての試論―」リテラシーズ研究会 (編),『リテラシーズ 2―ことば・文化・社会の日本語教育へ』71-81. くろしお出版.

川光真二 (2018).「ジャンル理論の観点から日本語初級教育のライティングを考察する」『リテラシーズ』22, 18-34. くろしお出版.

C.V.ギップス (著), 鈴木秀幸 (訳) (2001).『新しい評価を求めて―テスト教育の終焉―』論創社. [Gipps, C. (1994). *Beyond Testing: towards a theory of educational assessment*. The Falmer Press Limited.]

行木瑛子・岩﨑典子 (2019).「ジャンル準拠の初級オノマトペ指導―広告 (CM) の翻訳活動を通して―」『日本語教育』174, 71-85. 日本語教育学会.

久保田竜子 (2008).「日本文化を批判的に教える」佐藤慎司・ドーア根理子 (編),『文化、ことば、教育―日本語／日本の教育の「標準」を超えて―』明石書店.

熊谷由理 (2007).「日本語教室でのクリティカルリテラシーの実践へ向けて」『リテラシーズ』4 (2), 1-9. くろしお出版.

熊谷由理 (2008).「日本語の授業での文化、ことばの標準化の過程―教師・学生の相互行為分析―」佐藤慎司・ドーア根理子 (編),『文化・ことば・教育―日本語／日本の教育の「標準」を超えて』212-238. 明石書店.

熊谷由理 (2011).「クリティカル・リテラシーの育成に向けて―カタカナ・プロジェクト実践概要」佐藤慎司・熊谷由理 (編),『社会参加をめざす日本語教育―社会に関わる、つながる、働きかける』3-17. ひつじ書房.

近藤ブラウン妃美 (2012).『日本語教師のための評価入門』くろしお出版.

佐藤慎司・熊谷由理 (2010).「アセスメントの歴史と最近の動向―社会文化的アプローチの視点を取り入れたアセスメント」佐藤慎司・熊谷由理 (編),『アセスメントと日本語教育―新しい評価の理論と実践』1-18. くろしお出版.

Alderson, J. C. (1984). Reading in a foreign language: a Reading Problem or a Language Problem? In J. C.

Alderson & A. H. Urquhart (Eds.), *Reading in a foreign language*,1-27. Longman.

Bourdieu, P. (1991). *Language and Symbolic Power*. Harvard University Press.

Byrnes, H., Crane, C., & Mazim, H. H. (2006). Taking texts to task: Issues and choices in curriculum construction. *International Journal of Applied Linguistics, 152*, 85-110.

Cope, B. & Kalantzis, M. (1993). *The Power of Literacy: A genre approach to teaching writing*. The Falmer Press.

Fairclough, N. (2014). *Critical language awareness*. Routledge.

Flores, N. (2013). The unexamined relationship between neoliberalism and plurilingualism: A cautionary tale. *TESOL Quarterly. 47* (3), 500-520.

Freire, P., & Macedo, D. (1987). *Literacy: Reading the Word and the World*. Bergin & Garvey.

Hyland, K. (2004). *Genre and Second Language Writing*. University of Michigan Press.

Iwasaki, N. & Kumagai, Y. (2008). Promoting critical reading in an advanced level Japanese course: Theory and practice through reflection and dialogues. *Japanese Language and Literature, 42*, 123-156.

Iwasaki, N. & Kumagai, Y. (2015). *The Routledge Intermediate to Advanced Japanese Reader: A Genre-Based Approach to Reading as A Social Practice*.『ジャンル別日本語—日本をクリティカルに読む—』Routledge.

Janks, H. (2010). Literacy and Power. Routledge.

Kalantzis, M. & Cope, B. (Eds.) (2005). *Learning by Design*. Victorian Schools Innovation Commission and Common Ground.

Kawamitsu, S. (2015). Introducing genre into Japanese-as-a-foreign language: Toward a genre-specific approach to elementary/intermediate writing. *L2 Journal, 7* (4), 63-90.

Kern, R. (2000). Literacy and language teaching. Oxford University Press.

Kramsch, C. (1989). Socialization and literacy in a foreign language: Learning through interaction. *Theory into Practice, 26*, 243-250.

Kress, G. R. (2010). *Multimodality: A social semiotic approach to contemporary communication.* Taylor & Francis.

Kumagai, Y. (2023). Critical literacies in East Asian languages: examples from Japanese in foreign language education. In, Tierney, R.J., Rizvi, F., & Erkican, K. (Eds.), *International Encyclopedia of Education, 10,* 112-122. Elsevier.

Kumagai, Y., & Iwasaki, N. (2015). Reading words to read worlds: A Genre-based Critical Multiliteracies Curriculum in Intermediate/Advanced Japanese Language Education. In Kumagai, Y., Lopez-Sanchez, A., & Wu, S. (Eds.), *Multiliteracies in World Language Education*. Routledge.

Kumagai, Y. & Kono, K. (2018). Collaborative Curricular Initiatives: Linking Language and Literature Courses for Critical and Cultural Literacies. *Japanese Language and Literature, 52* (2), 247-276.

Li, Wei. (2018). Translanguaging as a practical theory of language. *Applied Linguistics, 39* (1),9-30.

Martin, J. R. (1992). *English text: System and structure*. Benjamins.

Morgan, W. & Wyatt-Smith, C. M. (2000). Im/proper accountability: towards a theory of critical literacy and assessment. *Assessment in Education, 7* (1), 123-142.

Ortega, L. (2019). SLA and the study of equitable multilingualism'. *The Modern Language Journal, 103*, 23-38.

Wallace, C. (2003). *Critical reading in language education*. Palgrave Macmillan.

大学図書館電子書籍による読書リテラシー実践

—Maruzen eBook Library を利用した協同学習—

脇田里子（同志社大学）

要旨

　デジタル社会における読書リテラシー教育は喫緊の課題である。昨今、大学の図書館では専門書の電子書籍の蔵書数が増加しつづけている。しかし、大学図書館の電子書籍にアクセスして読んでいる学生は多いとは言えない。本研究では、2022 年度に実施した学部留学生 2 年次の日本語コミュニケーションの専門科目において、専門書読書を円滑に進めることを目的にした大学図書館の電子書籍の読書活動について述べる。授業は教科書を使った講義の他に、電子書籍読書による協同学習 (LTD: 話し合い学習法) を実施した。その方法は、授業のテーマに関連する複数の電子書籍の中からピアグループごとに関心のある 1 冊を選定し、毎回の授業において約 30 分の協同学習を行うものである。約 1 か月かけて 1 冊の本を読み合った後、ピアグループごとに授業の中でブックトークを行った。アンケート調査から専門書読書を促す要因として、協同学習と読書技術が挙げられる。

キーワード：大学図書館電子書籍、読書リテラシー、協同学習、LTD: 話し合い学習法、読書技術

Reading Literacy Practice Using University Library e-Books
Cooperative Learning Using Maruzen eBook Library

Riko Wakita (Doshisha University)

Abstract

　Reading literacy education in the digital society is an issue of pressing importance. Recent years have seen university libraries continue to increase their collections of e-books of specialized books, but not many students browse and read university library e-books. This study describes reading activities involving e-books in university library that aims to facilitate reading for academic purposes in the specialized course on Japanese communication for second-year undergraduate international students in the academic year 2022. Besides lectures using textbooks, cooperative learning (Learning Through Discussion) was conducted in the classroom through e-book reading activities. In this method, each peer group selected a book of interest from several e-books related to the class theme, and held a 30-min cooperative learning session each time. After each peer group read one book together for about 1 month, each peer group facilitated a book talk. Based on a questionnaire survey, cooperative learning and reading skills were identified as factors that promote the reading of specialized books.

Keywords: university library e-books, reading literacy, cooperative learning, Learning Through Discussion, reading skills

1. 研究の背景

　現代はVUCA (不安定で・不確かで・複雑で・曖昧な) 時代と言われ、先行きが不透明な世界に我々は生きている。正解がない今日を生き抜くために、読書による情報収集は欠かせない。しかし、大学生の読書習慣は二極化しており、1日に全く本を読まない不読者は約半数を占めている。2022 年に全国大学生活協同組合連合会が実施した「学生生活実態調査」(学部学生 9,126 名) では、1日の読書時間 (電子書籍も含む) が「0分」は 46.4% であったのに対し、「60分以上」は 27.4% であった。学部留学生に関する読書習慣は、日本人学生ほど二極化していないが、全体の 1/4 程度の不読者がいることが指摘されている。2017 年に某大学の学部留学生 219 名を対象にした読書活動の調査によれば、1日の読書時間が「0分」は 25% であったのに対し、「60分以上」は 16% であった (脇田・村上，2018)。このように、学部留学生にとっても読書による情報収集は喫緊の課題である。日本語教育においても、読書推進のために多読による読書授業が数多く実践されている (桂, 2019; 作田, 2018 など)。管見の限り、多読の授業では、主としてフィクションを対象にした感動を享受するための娯楽読書が想定されている。本研究では、ノンフィクションや学術書の読書教育を対象にしており、情報収集のための読書や思考深化のための読書にはアカデミックな活動のための読書リテラシーが必要であるという立場に立つ (脇田, 2021a)。

　2020 年のコロナ禍以降、大学図書館では専門書の電子書籍の蔵書数が急速に増加している。しかし、大学図書館の電子書籍にアクセスして読んでいる学生は必ずしも多いとは言え

ない。例えば、本実践の学習者 (30名) の中で、授業開始前に、大学図書館の電子書籍を利用した経験のある者は 50％で、利用した経験がない者も 50％であった。現在の大学生は生まれた時からデジタル機器に囲まれて育ったデジタル・ネイティブ世代であるため、デジタル機器の利用は抵抗が少ないと考えられ、大学図書館の電子書籍による読書指導の有効性が期待される。本研究では、学部留学生を対象にした専門基礎科目において、電子書籍を用いた専門書読書を促進するためにはどうしたらよいか、検討する。具体的には、学部留学生 2 年次の日本語コミュニケーションの専門科目において、Learning Through Discussion (以降 LTD: 話し合い学習法) による協同学習 (安永, 2019) で、大学図書館の電子書籍を利用し、春学期と秋学期に 1 冊ずつ、関心のある専門分野の書籍を協同学習した結果を検討する。その評価は学習者に対するアンケート調査の①大学図書館の電子書籍を用いた読書活動全般、②読書技術、③電子書籍、④協同学習の観点から判断する。

　本研究の構成は次の通りである。第 2 節にて、大学図書館の電子書籍の特徴について述べる。第 3 節にて、デジタル時代に求められる言語能力とは何かについて説明する。第 4 節にて、実践方法を示し、第 5 節にて、実践の結果について考察する。第 6 節にて、本論のまとめと今後の課題を提示する。

2.　機関向け電子書籍提供サービスの特徴

　大学図書館において和書による専門書の電子書籍プラットフォームを提供している大手の電子書籍出版社には、丸善雄松堂の Maruzen eBook Library (以降 MeL) と紀伊国屋書店の Kinokuniya Digital (=Denshi) Library (以降 KinoDen) の二つがある[1]。2022 年 3 月現在、MeL は 15 万冊タイトル以上、KinoDen は 5 万冊タイトル以上の電子書籍を有している (丸善雄松堂, 2022; 荒川, 2022)。著者と印刷書籍の版元の意向により、ある専門書が電子書籍として発行される場合、MeL と KinoDen の双方で閲覧できる場合もあれば、どちらか一方の電子書籍プラットフォームでしか閲覧できない場合もある。印刷書籍の全てが電子書籍

---

1) 紀伊国屋書店は、KADOKAWA・講談社などによる 5 社の合弁会社である株式会社日本電子図書館サービスが運営する LibrariE という一般書を中心とした電子書籍サービスも展開している。2022 年 3 月の LibrariE の発行部数は約 8.2 万タイトルで、KinoDen よりも 3 万冊以上多い。一方、丸善雄松堂は、文庫や新書を 1 年間の定期購読という形態で、MeL で読むことが可能である。具体的には、岩波書店・東洋経済新報社などの版元による「文庫・新書サブスクリプション」カスタムパッケージというサービスで、約 1,000 タイトルの文庫本や新書から、主として 100 タイトル単位で購入できる。一般書については、紀伊国屋書店グループの LibrariE の方が圧倒的に電子書籍の発行部数が多い。

としても発行されるわけではないため、印刷書籍の発行数に比べれば、その電子書籍の発行数はまだ少ない。本研究の学習者はMeLとKinoDenの双方にアクセスが可能であったが、MeLの方が利用できる専門書の電子書籍の数が多いため、本研究ではMeLを対象にする。

2.1　MeL の特徴

　はじめに、MeLの電子書籍へのアクセス方法について述べる。大学内からアクセスする場合は、大学図書館のWebサイト、または、MeLサイトで本のタイトルを検索する。そして、該当する電子書籍の「閲覧」ボタンをクリックすれば、Webブラウザでそのまま読める設定になっている。一方、大学以外でMeLを読む場合、一旦、VPN接続して大学内ネットワークに接続する、または、学術認証フェデレーション (GakuNin) などを経てインターネット接続が必要となる。MeLの電子書籍を読むためには、常時ネットワークに接続していなければならない。また、MeLの同時アクセス数は「1」、または、「3」の設定である。本研究の大学図書館の同時アクセス数は基本的に「1」のため、誰かが利用している間は他の学生はその電子書籍を読めない。そのため、協同学習で同じ電子書籍を読む際にはこの点に注意する必要がある。

　次に、MeLの特徴について述べる。MeLのレイアウトは、印刷書籍と同じページ画面が表示される固定レイアウト型の電子書籍である。図１に示すように、印刷書籍と同じイメー

＜図１＞　MeL の閲覧イメージ

ジ画像を1ページまたは見開きで表示するだけでなく、目次も表示できる。ページ画面の拡大や縮小表示も可能である。そして、電子書籍の最も便利な機能である用語の検索も可能である。さらに、著作権法や利用規約で許された範囲内のページ数で、ページのダウンロードや印刷も可能である。なお、一部の電子書籍には、アクセシビリティ機能がついている。例えば、音声読み上げが可能で、リフロー閲覧に遷移し、文字の拡大や文字色の反転表示も可能である。さらに、電子書籍の中には動画付きコンテンツやオーディオブックもあり、マルチメディ化が進んでいる。

2.2 MeL と Amazon Kindle との比較

電子書籍の特徴は、電子機器を利用し、時間と場所の制約を受けずに、本の内容にアクセスできることである。また、多くの電子書籍サービスには検索機能があり、キーワードを検索すれば、テキストのどこにキーワードがあるのかを知ることもできる。では、機関向け電子書籍サービスと個人向け電子書籍サービスの相違点は何だろうか。表1は機関向け電子書籍サービスのMeLと個人向け電子書籍サービスのAmazon社Kindleについて、10項目を比較したものである。以下、それぞれの項目について述べる。1. ビューワーについて、MeLは

<表1>　機関向け電子書籍 MeL と個人向け電子書籍 Kindle の比較

	機関向け電子書籍　MeL	個人向け電子書籍　Kindle
1.ビューワー	Webブラウザに表示 （Webアクセス型）	Kindle専用アプリ（Windows, Mac, スマートフォン）
2.専用リーダー機器	無し	有り（専用リーダーがなくでも Windowsなどで読める。）
3.画面表示	フィックス型 （固定レイアウト型）	基本的にリフロー型
4.料金	無料	有料（基本的に電子書籍ごと）
5.印刷 （著作権法の範囲内）	可能（ページごと）	基本的に不可能　＊1
6. 本文のコピー （著作権法の範囲内）	可能（ダウンロードしたPDF ファイルから）	可能
7.オフラインでの利用	不可能	可能
8.電子辞書・Webサイト へのリンク	無し	有り
9.メモ機能	無し	有り
10.ハイライト・ブック マーク機能	無し	有り

＊1 「固定レイアウト型」については、Kindle Cloud Reader 機能を用いれば一部分の印刷は可能

Webブラウザに表示されるが、KindleはKindle専用のアプリケーション (無料、Windows・Mac・スマホ用) を利用する。2. MeLには専用リーダー機器は無いが、KindleにはKindle専用のリーダーが何種類もある。ただし、専用リーダー機器を購入しなくても、Windows PCやスマートフォンにKindle専用アプリをインストールすれば電子書籍が読める。3. MeLは印刷書籍と同じイメージ画像が表示される「フィックス型 (固定レイアウト型)」であるが、Kindleは文字のフォントサイズや表示画面当たりの字数をカスタマイズできる「リフロー型」が多い。4. 大学図書館の利用者であれば、MeLの利用料金は無料である。Kindleは基本的に電子書籍ごとに利用者が料金を支払う。(Kindleには月ごとのサブスクリクションサービスもあり、サブスクリプションに指定された電子書籍を読む場合、その本の料金を支払う必要はない)。5. MeLはその本の著作権法と利用規約で許された範囲内 (一般的には 60 ページ以内)の印刷がページごとに可能であり、PDFファイルとしてダウンロードできる。一方、Kindleは基本的に印刷機能がなく、印刷することを想定していない。6. MeLは 5.でダウンロードしたPDFファイルにある本文のコピーは可能である。Kindleもその本の著作権法と利用規約で許された範囲内で本文のコピーが可能である。7. MeLはオフラインで利用することはできないが、Kindleはその本のデータをダウンロードしていればオフラインでも閲覧可能である。8. テキストの単語と電子辞書やWebサイトがリンクする機能は、MeLには無いが、Kindleにはある。9. 本を読んでいる時にメモを書く機能は、MeLには無いが、Kindleにはある。10. 本文をハイライトする機能やブックマークを付ける機能は、MeLには無いが、Kindleにはある。最後の 3 つの機能 (8. 電子辞書やWebサイトへのリンク接続、9. メモ機能、10. ハイライト機能やブックマーク機能) は、個人の読書支援機能であるため、Kindleにはこれらの機能が付加されていると考えられる。

3. デジタル時代の言語能力とは

3.1 読書リテラシー

　本研究では、読書リテラシーの定義を「読み手の目的を達成するために、テキストを理解、解釈し、知識や経験から価値判断し、活用する力」と定義する (脇田, 2021a; 脇田, 2021b)。これはPISA 2018 の"Reading Literacy"[2] の定義を簡略化したものである。「アカデミック

---

2) PISA (Programme for International Student Assessment) は OECD (経済協力開発機構) に加盟した国の 15 才の生徒を対象にした国際的な学力到達度調査で、2000 年から 3 年ごとに実施されている。PISA で測定される Reading Literacy は「PISA 型読解力」と呼ばれることが多い。本研究ではこの Reading Literacy を読解力というよりも読書力と解釈し、15 才の生徒に限らず、21 世紀を生きる全ての人間に必要な「読書リテラシー」として捉えている。

な活動のための読書リテラシー」(脇田, 2021a) には (1) 読書技術、(2) 読書に関する知識、(3) 読書による思考活動がある。(1) では知りたいことや疑問を明確にする「問い作り」など書物をどのように読むかといった 32 の読書技術の要素を提案している。(2) では書物の構成 (表紙、はじめに、目次、本文、あとがきなど) や読書の意義などを、(3) では論理的思考、批判的思考、メタ認知の点から読書することなどを指している。

3.2　デジタル時代の言語コミュニケーション能力

　デジタル時代に必要な言語コミュニケーション能力として、バトラー後藤 (2021) は、A「基本的言語知識」とB「言語使用能力」を挙げている。A「基本的言語知識」は従来のコミュニケーション能力の文法的能力と社会言語能力に相当するものであるという。B「言語使用能力」には、B1「自律的言語使用能力」(目的をもって自主的に言語活動を行う能力)、B2「社会的言語使用能力」(デジタル及び非デジタル空間内で社会ネットワークを構築するための言語使用能力)、B3「創造的言語使用能力」(言語情報から変換された既存の知識を再構成・再構築したり、新しい知識へ植え替えを行ったりする能力) の三つの下位カテゴリーが示されている。これらはA「基本的言語知識」を使用する際の能力で、この三つは互いに深く結びついているとしている。

　図 1 は、デジタル時代に必要な言語コミュニケーション能力に本研究のアプローチを加筆したものである。本研究では、学部 2 年次の日本語コミュニケーションに関する専門基礎科目において、専門書の読書推進を目的にしている。A「基本的言語知識」に該当するものとして、学部 2 年次で履修する日本語コミュニケーションの基礎的知識と、1 年次のリーディング科目で学んだ読書技術があると考えている。次に、B「言語使用能力」に関して、B1「自律的言語使用能力」では、授業時間外に専門書の電子書籍を読み、印象に残った本文を直接引用し、自分の言葉に置き換え、自分の知識や経験と結び付ける「読書シート」をオンライン上に作成する。次に、B2「社会的言語使用能力」では、学習者中心の読書活動を展開するために、授業時にLTDを用いて、仲間 (ピア) との協同読みの環境を提供する。最後に、B3「創造的言語使用能力」では、読書後にその本に対

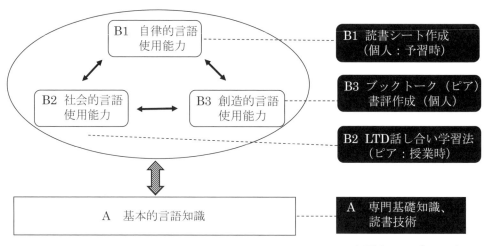

<図2> デジタル時代に必要な言語コミュニケーション能力と本研究のアプローチ

(バトラー後藤 (2021) に筆者が加筆)

する評価として、ピアグループでその本に対するブックトーク、そして、個人でオンライン上に書評を作成する。このように、本研究のアプローチは、デジタル時代に必要な言語コミュニケーション能力の枠組みにおいても応用できると考えている。

4. 実践方法

4.1 対象授業

　某大学コミュニケーション系学部の 2022 年度、学部 2 年次留学生対象の専門基礎科目「日本語コミュニケーション基礎 1」(以降基礎 1、春学期 2 単位、週 1 回 90 分× 15 週間) と「日本語コミュニケーションの基礎 3」(以降基礎 3、秋学期 2 単位、週 1 回 90 分× 15 週間) を対象にする。これらの科目はこの学部の留学生のみを対象にしており、春学期は日本語統語論、秋学期は日本語教育・応用言語学に関するテーマを扱っている。また、学習者は 1 年次の日本語リーディング科目において、LTDによる協同学習を通じて、Kindleによる新書の読書活動を行い、読書技術について学んだ経験をもつ。

　調査対象とする学習者は、2022 年度に 2 年次の基礎専門科目 (基礎 1 と基礎 3) を履修し、研究利用について説明を聞き、承諾した 30 名である。調査協力者の学習者の内訳は、東アジア出身が 28 名、東南アジアが 2 名である。学習者の日本語レベルは、入学時の日本語能力試験 (Japanese Language Proficiency Test) のN1 レベルが約 8 割、N2 レベルが約 2 割

であった。調査時は2年次であるため、学習者の日本語レベルはほとんど全員がN1レベルに達していると思われる。

　授業形態に関して、基礎1は対面授業とオンライン授業を同時に実施するハイフレックス型授業、基礎3は対面授業のみで実施した。授業で使用する学習管理システムは、Microsoft社 "Microsoft 365" の "OneNote Class Notebook" (以下OneNote) で、授業資料提示フォルダ、学習者の課題提出フォルダ、学習者が書き込み可能な共同作業スペースを提供した。学習者の読書シート提出にはOneNoteの学習者ごとのフォルダ、協同学習の報告書提出にはGoogle社のWebアプリケーション "Google Spreadsheets" (以下Spreadsheets) を利用した。基礎1のコラボレーション・プラットフォームは同社 "Microsoft 365" の "Teams" を用いた。

4.2　授業展開

　基礎1と基礎3の授業の進め方は同じである。毎回の授業 (90分) は出欠確認・全体連絡に5分、教科書を使った講義が約60分で、MeLの読書活動が約30分である。

　第1回〜第15回の授業における読書活動について述べる。第1回の授業では、授業のテーマに関連するMeL (15冊程度) を紹介する。第2回の授業では、MeL希望調査を経て、本ごとにピアグループを確定する。グループは基本的に3名で構成する。基礎3の受講者は35名であったが、全部で11冊のMeL[3] を対象とした。第3回の授業では、グループごとに、1冊を約1か月で読む読書計画や読む目的を作成する。第4回から第7回の授業では、週ごとの読書範囲について意見交換をする。学習者は授業外の時間に、その週に読んだ範囲の内容について理解したことや疑問点についてOneNoteの学習者ごとの読書シートに書きこむ。その読書シートを基に、授業中にグループ内で協同学習を行う。この協同学習はLTDの基

---

3) 印刷書籍が全て MeL として発行されていないため、テーマに関する書籍の選択肢は限られている。学習者が選んだ11冊の MeL は次の通りである。1) 有田佳代子他 (2019).『日本語教育はどこへ向かうのか』くろしお出版. 2) 大関浩美 (2010).『日本語を教えるための第二言語習得論入門』くろしお出版. 3) 奥村三菜子他編 (2016).『日本語教師のための CEFR』くろしお出版. 4) 中井精一 (2005).『社会言語学のしくみ』研究社. 5) 小林かおる (2020).『第二言語習得について日本語教師が知っておくべきこと』くろしお出版. 6) 小柳かおる (2016).『認知的アプローチから見た第二言語習得』くろしお出版. 7) 迫田久美子 (2020).『日本語教育に生かす第二言語習得研究　改訂版』アルク. 8) 高嶋幸太 (2019).『日本語でできる外国人児童生徒とのコミュニケーション』学事出版. 9) 中島和子 (2019).『バイリンガル教育の方法 完全改訂版』アルク. 10) フランソワ・グロジャン (2018).『バイリンガルの世界へようこそ』勁草書房. 11) 森島泰則 (2015)『なぜ外国語を身につけるのは難しいのか』勁草書房.

本構造である「個人思考（予習）＋集団思考（ミーティング）」の「集団思考」に該当するが、LTDの8段階の過程プラン[4]を厳密に守って実施したものではない。第8回は通常の授業と異なる特別授業を実施しているため、読書活動は行っていない。第9回の授業では、本全体について学んだことをまとめる。第10回の授業で、ブックトークの発表準備を行う。第11回から第15回の授業において、毎回、1〜3のピアグループがブックトークを行う。また、学習者個人で、MeLの本について書評を書く。そして、学習者は書評の内容を短くまとめた書評カードをOneNoteの共同作業スペースに提出する。そうすれば、クラス全員が全員の書評カードを閲覧できる。

4.3　読書シートと教員の役割

　LTDは学習者が一人で行う「個人思考（予習）」と仲間と話し合いながら行う「集団思考（ミーティング）」から成っており、ミーティング前の予習を重視している。本研究では、読

<図3>　「読書シート」(個人、一部)の例

---

4) LTDでは個人思考、集団思考の双方において8段階の過程がある。集団思考の8段階は次の通りである。
　1) 雰囲気づくり、2) 言葉の理解、3) 主張の理解、4) 話題の理解、5) 知識との関連づけ、6) 自己との関連づけ、
　7) 課題文の評価、8) 振り返り。

J　森島泰則（2015）『なぜ外国語を身につけるのは難しいのか』勁草書房			
10月19日 ピア活動記録	氏名	10月26日 ピア活動記録	氏名
ファシリテーター	****1	ファシリテーター	****3
タイムキーパー	****2	タイムキーパー	****1
記録者	****3	記録者	****2
話し合ったこと1 本を読む目的	どうしたらバイリンガルになれるかとか、外国語（英語）を身にににつけるにはどのような勉強法がよいかといったハウツーものではない。本書は、第二言語(外国語)使用を含むバイリンガリズムの心の仕組みを、認知心理学、およびその一分野である言心理学の科学的研究成果から探ってみようというものである。	話し合ったこと1 第3章印象に残ったこと	バイリンガルは二つの言語処理システムを備えていると考えられる。 ****1：問題：そうなると、ひとつの疑問が浮かんでくる。それは、あるひとつの言語を処理しているときに、もう一つの言語の処理プロセスは停止状態になるのだろうか。言語情報、とくに第一言語(L1)の情報に対して、脳は無意識のうちに反応してしまう私たちの脳は、言語処理の相当の部分はほぼ無意識に行われるように発達する。 ****2：印象的だった部分は、「今使っていない言語の働きを抑制することによって、適切な語彙情報を選択するというものだ。」という部分である。 ****3：「ある一つの言語を処理しているときに、もう一つの言語の処理プロセスは停止状態になるのだろうか」が印象的でした。私もよく夢をみるときに二つの言語が混雑する場合があります。脳の言語処理システムにもっと関心を持ちました。
話し合ったこと2 この本を選んだ理由	****1：日本語教育に興味持っている ****3：最近、国際結婚の家庭で、バイリンガルができる子供がいた反面、全くできない子供もいた。それでバイリンガルの教育に興味がなった。	話し合ったこと2 第4章印象に残ったこと	****1：文章理解に要する思考的処理(この場合は、首尾一貫性維持)が、第二言語では制限されてしまうということだ。 ****2：「線路切り替え」バージョンの実験：外国語を使っていると感情推論が低下するため、問題から明示的に与えられる情報から判断できること、すなわち、一人を犠牲にして五人を救うという功利主義的判断に傾いてしまったという解釈である。

＜図４＞　「協同学習報告シート」(ピア、一部)の例

書活動の「個人思考(予習)」に該当する活動として、授業時間外に図3に示す読書シートの書き込みを必須としている。個人の読書シートには、毎週の読書計画、その週に読んだ範囲で、筆者の考えを自分の言葉で言い換える、自分の知識や経験から考えたことなどを書く。また、授業時間に、このシートを基に「集団思考(ミーティング)」した後、ピアと話したことや新しくわかったことなどを書く。

　また、授業時間に話し合ったことについては、図4に示した協同学習報告シート(Spreadsheets)にも記入する。その週の3名の学習者の役割(話し合いの司会役、時間管理役、記録係)をこのシートに示し、話し合ったことをトピックごとにまとめる。この報告シートは、他のグループの報告シートも閲覧が可能な状態に設定している。

　教員の役割はテーマに関するMeLの候補を選び、MeLごとに学習者の希望を募り、ピアグループを決定する。そして、LTDの活動が可能な環境を整える。教員は必要に応じて用語解説の参考書や関連するWebサイトを紹介するが、基本的には学習者個人で学ぶ、あるいは、ピアで学び合うことを見守り、学習者の協同学習には介入しない。

脇田里子

5. 実践結果と考察

5.1 アンケート調査項目「読書活動全般」

　実践の効果を検討するために、基礎3の授業終了時にアンケート調査を実施した。Googleフォームにて「読書活動全般」、「読書技術」、「電子書籍」、「協同学習」の大項目について7件法（1「全くそうではない」〜7「全くそうである」）で回答を求めた。

<表2>　読書活動全般（N＝30）

	M	SD
1 日本語教育の様々な分野に関心	5.47	.91
2 授業の目標達成	5.53	.81
3 論理的文章の批判的読解	5.20	.83
4 電子書籍で読書時間アップ	4.87	1.12
5 読書技術で読書力アップ	5.57	.96
6 協同学習で読書力アップ	5.47	.92

<表3>　読書技術（N＝30）

	M	SD
1 身近に本がある	4.80	1.38
2 空き時間、短時間に読書	4.73	1.57
3 合わない本は読書中止可	5.57	1.26
4 完読しなくてもよい	5.23	1.38
5 新しい知見が一つあればよい	5.80	.98
6 「問い作り」	5.27	1.06
7 「本の検索」	5.37	.75
8 「選書の見極め」	5.43	.96
9 「書評読み」	5.30	1.22
10 「目的設定」	5.20	1.30
11 「時間管理」	4.87	1.23
12 「装丁読み」	5.60	.84
13 「目次読み」	5.70	.70
14 「はじめにあとがき読み」	5.43	.96
15 「取材読み」	5.17	1.19
16 「質問読み」	5.37	.87
17 「記憶定着」	4.87	1.26
18 「整理読み」	5.50	.89
19 「要約読み」	5.40	1.11
20 「推測読み」	5.03	.98
21 「並行読み」	4.17	1.65
22 「目的達成確認」	5.00	1.26
23 「知識の文章化」	5.37	0.91

<表4>　電子書籍（N＝30）

	M	SD
1 一般：いつでもどこでも読め、便利	5.70	.94
2 一般：保管場所を取らず、便利	6.07	.89
3 一般：目の疲れ	5.30	1.64
1 MeL：読書の慣れ	4.60	1.54
2 MeL：接続のスムーズさ	4.33	1.76
3 MeL：レイアウト固定	4.30	1.72
4 MeL：無料	6.03	1.14
5 MeL：ページ保存・印刷が便利	4.70	1.44
6 MeL：辞書機能無しで不便	5.10	1.54
7 MeL：ハイライト機能無しで不便	5.23	1.33
8 MeL：メモ機能無しで不便	5.30	1.39
9 MeL：常時接続しなければならず不便	5.57	1.43

<表5>　協同学習（N＝30）

	M	SD
1 自律学習力アップ	5.63	.87
2 新しい知識の習得	5.77	.84
3 LTD理念の理解	5.80	.83
4 LTD理念の実行	5.77	.67
5 さまざまな意見がよい	5.57	.88
6 ピアの意見を聞き、知識を増やす	5.53	.88
7 皆でやればできる気がする	5.57	1.09

　まず、「読書活動全般」(6 項目＜表 2 ＞)[5])について述べる。授業の目標である項目 1「この授業を通して日本語教育のさまざまな分野に関心をもつ」(M = 5.47、SD = .91) と項目 2「日本語を取り巻く『言語と社会』『言語と心理』『社会・文化・地域』に関する基礎的知識について、理解できるようになる。」(M = 5.53、SD = .81) については、項目 1 と項目 2 の平均値は中央値の 4 を越え、自己評価はやや高かった。項目 3「日本語の論理的な文章を批判的に読める」(M = 5.20、SD = .83)、項目 5「読書技術を使って本を読めば、日本語の本を読む力が伸びる」(M = 5.57、SD = .96)、項目 6「協同学習でお互いの意見を交換することによって、日本語の本を読む力が伸びる」(M = 5.47、SD = .92) の平均値も 5 の値を越えている。項目 4「電子書籍で読むことによって、日本語の本を読む時間が増える」(M = 4.87、SD = 1.12) の平均値は 5 よりやや低い値を示した。これはMeLが固定レイアウト型のインターフェイスであるために、スマートフォンでは読みにくく、学習者が空き時間などに読まなかったことと関係しているようだ。そして、項目 4 の標準偏差は他の項目より値がやや大きかった。これは読書時間が増えた学生と増えなかった学生の差が大きかったことによると思われる。以上、読書活動全般の平均値はやや高い値を示し、MeLを利用した協同学習による読書活動は成功していると言えよう。

5.2　アンケート調査項目「読書技術」

　学習者は 1 年次にアカデミックな文章を読書するための「読書技術」(23 項目＜表 3 ＞, 脇田; 2021a) を学び、新書 (Kindle) を読む際に、読書技術を意識しながら読んだ経験をもつ。MeLによる専門基礎の読書における読書技術の特徴について述べる。項目 1 の平均値から項目 23 の平均値までの 23 項目分の平均値はM = 5.22 である。読書技術全体の平均値は 7 件法の中央値である 4 から 1 以上上回り、やや高い値を示し、読書技術の自己評価は高めである。これから学習者は読書技術を使って専門書を読もうとしていたことがうかがえる。

　今回の調査で最も高い平均値であったのは項目 5「本から得られる新しい知識が一つあれ

---

5)「読書活動全般」に関するアンケート項目は次の通りである。1) 授業目標：この授業を通して日本語教育のさまざまな分野に関心をもちましたか。2) 授業目標：日本語を取り巻く『言語と社会』『言語と心理』『社会・文化・地域』に関する基礎的知識について、理解できるようになりましたか。3) 日本語の論理的な文章を批判的に読むことができますか。4) 電子書籍で読むことによって、日本語の本を読む時間が増えたと思いますか。5) 読書技術を使って本を読めば、日本語の本を読む力が伸びると思いますか。6) 協同学習でお互いの意見を交換することによって、日本語の本を読む力が伸びると思いますか。なお、紙幅の都合上、「読書技術」、「電子書籍」、「協同学習」のアンケート項目の提示は省略する。

ばよいと考える」(M = 5.80、SD = .98)、次点が項目13「目次読み：目次に目を通し、内容の構成を理解する」(M = 5.70、SD = .78) であった。項目5については、専門書を読んで理解することは簡単ではないため、書かれていることを少しでも理解できればよいとする精神で読んでいることが反映されている。項目13については、専門書の場合、本のどこに何が書かれているのかを確認し、自分の知りたい情報を探す技術が欠かせない。項目13の平均値が高いため、そうした読み方を意識していた学習者が多かったと推測する。

今回の調査で、最も低い平均値を示した項目は、同時に同じテーマの本を複数読むという項目21「並行読み：同じテーマの本を同時期に2冊以上読み、意見の偏りを防ぐ」(M = 4.17、SD = 1.65) であった。また、項目21は標準偏差が最も大きく、平行読みができた学習者とできなかった学習者の差が大きいこともわかる。次に低い平均値を示した項目は、項目2「短時間でも空き時間があれば本に触れる。できるだけ15分間集中して読む」(M = 4.73、SD = 1.57) である。「読書活動全般」の項目4「電子書籍で読書時間アップ」でも述べたが、MeLは固定レイアウト型のため、スマートフォンでは読みにくく、スマートフォンを使って空き時間や短時間での読書が難しかったと思われる。項目2の標準偏差も項目21に次いで値が高く、空き時間や短時間の読書をしている者とまとまった時間に読書をしている者に分かれたと言える。

5.3　アンケート調査項目「電子書籍」

「電子書籍」(12項目＜表4＞) に関して、一般的項目では項目2「保管場所を取らず、便利だ」(M = 6.07、SD = .89) の平均値が最も高い。MeLの特徴としては、項目4「eBookは無料で読めることがよい」(M = 6.03、SD = 1.14) が平均値として極めて高いが、1年次に読んでいたKindleの電子書籍と比較すると、項目9「eBookはKindleと異なり、常にネットワークに接続し、大学のアカウントを確認しなければならないので、不便だ」(M = 5.57、SD = 1.43)、項目8「eBookはKindleと異なり、メモ機能を使ってメモを書くことができないので不便だ」(M = 5.30、SD = 1.39) などが続く。学習者はMeLが無料で読めることに大きな評価を下しているが、Kindleによる読書環境 (ファイルをダウンロードすれば、インターネットに接続しなくても読めることや、メモ機能などの読書支援のためのカスタマイズ機能) に利便性を感じているようだ。

「電子書籍」の項目は、他の「読書技術」などの項目と比較して、標準偏差が大きな値を示しているものが多い。特に、項目2「大学以外からアクセスする時、eBookへのアクセス

はスムーズだ」(M = 4.33、SD = 1.76) においては、標準偏差が最も大きく、学習者の自宅のインターネット環境によっては、うまく接続できなかった場合があることがうかがえる。

5.4　アンケート調査項目「協同学習」

　「協同学習」(7項目＜表5＞) に関しては、全ての項目において、平均値が5.5以上5.8以下であり、全体として協同学習に関する学習者の自己評価はやや高い。また、「協同学習」の項目の標準偏差も.67から1.09と分散も比較的少なく、各項目に対して学習者間の差は小さいと言えよう。これらからLTDによる活動は個人差が少なく、全体的にうまくできていたことが推測される。LTDがうまくできた原因としては、1年次に1年間の協同学習をした経験が2年次にも活かされていることが挙げられるだろう。学習者は個人思考による読みを基に、授業時に集団思考を行い、内容についての理解を深めてきた。専門書のような一人で読んでも理解が難しい本こそ、協同学習した方が理解が広がったり、深まったりする可能性が高いと思われる。

6.　まとめ

　2022年度に実施した学部留学生2年次の日本語コミュニケーションの専門科目において、デジタルによる専門書読書を円滑に進めることを目的にMeLの読書活動について述べてきた。毎回の授業の中で30分ほどLTDを実施した。学習者は授業のテーマに関連する複数のMeLの中から関心のある1冊を選び、教員はMeLごとにピアグループを決定した。学習者は約1か月かけて1冊の本を読み合い、ピアグループごとに授業の中でブックトークを発表した。また、個人で書評を書き、授業終了時にアンケート調査に回答した。

　その結果、専門書読書を促進する要因として、論理的な文章を読むための読書技術とピアと一緒に学び合う協同学習が挙げられる。前者の読書技術については、「本の内容を一つでも理解できるところがあればよい」という技術や「目次読み」の技術の値が高かった。その一方で、同じテーマの本を同時に複数冊読み進める「並行読み」の技術の値はあまり高くなく、今後の課題である。専門書の様な一人で読んでも理解が難しい本こそ、ピアグループで学び合う協同学習が適していると思われる。なお、MeLにアクセスするには大学内ネットワークに常時接続する必要があるため、学習者の自宅のネットワーク環境によっては接続が良好とはいえない場合もあったようだ。また、MeLは固定レイアウトのインターフェイスであるため、Kindleと比較すると、スマートフォンで読みにくく、Kindleに見られる個人

向けのカスタマイズ機能もないことから、学習者の中にはMeLをやや不便に感じている者もいる。学習者は様々な電子書籍のインターフェイスに慣れる必要がある。

　今後の課題として、授業以外で、専門書を協同学習できるような環境を構築することが挙げられる。また、現在、印刷書籍の発行部数に比べて、大学図書館の電子書籍の発行部数は圧倒的に少ない。電子書籍の発行部数が増え、電子書籍としても読める本が増えることを期待している。

付記

　調査にご協力いただいた方々に心より感謝を申し上げる。本研究はJSPS 科研費JP21K00637の助成を受けている。

参考文献

荒川郁美 (2022).「電子書籍をめぐる課題と事例—KinoDen, LibrariE を中心に—」『SALA会報』33, 1-8. 埼玉県大学・短期大学図書館協議会.

桂千佳子 (2019).「初級後半〜上級クラスにおける多読授業実践報告—ケーススタディから見えた課題支援の一助として—」『マテシス・ウニウェルサリス』20-2, 293-321. 獨協大学国際教養学部言語文化学科.

作田奈苗 (2018).「大学で実施する日本語多読授業の実際—実践報告—」『科学研究費助成事業 基盤研究 (C) 課題番号25370580日本語の多読効果の検証と学習モデルへの位置づけ—成果報告書』29-34.

全国大学生活協同組合連合会 (2022).「第58回学生生活実態調査　概要報告」[https://www.univcoop.or.jp/press/life/report.html](2023年3月15日検索).

バトラー後藤裕子 (2021).『デジタルで変わる子どもたち—学習・言語能力の現在と未来—』ちくま新書.

丸善雄松堂 (2022).「電子図書館のご提案と利活用事例のご紹介:電子コンテンツ活用によるICT教育・新学修環境の整備について」1-33. 配布資料.

安永悟 (2019).『授業を活性化するLTD—協同を理解し実践する紙上研修会—』医学書院.

脇田里子 (2021a).「読書リテラシーを支援する日本語科目のカリキュラム・デザイン」『間谷論集』15, 23-42. 日本語日本文化教育研究会.

脇田里子 (2021b).「デジタル社会における学部留学生に対する読書リテラシーの授業実践」『専門日本語教育研究』23, 11-18. 専門日本語教育学会.

脇田里子・村上康代 (2018).「学部留学生の読書活動に関する調査報告」『日本語教育方法研究会誌』24-2, 74-75. 日本語教育方法研究会.

OPI 形式の会話コーパスに基づく質問分類

―学習者の質問力向上を目指す基礎的研究―

堀恵子 (東洋大学)・安高紀子 (明治大学)・大隅紀子 (東京大学)

ケッチャム千香子 (上智大学)・長松谷有紀 (桜美林大学)

長谷川由香 (慶應義塾大学)

要旨

　学習者が質問を生成することは批判的思考力を高めると考えられる。学習者の質問力向上を目指す基礎研究として、まず支援する立場の教師が質問の機能と言語形式を把握する必要があるため、ACTFL-OPI の手法を用いた会話コーパスを分析した。分析対象は、超級・上級を中心とした 221 会話である。会話から質問を抽出して分類し、大カテゴリー 4、中カテゴリー 9、小カテゴリー 30 を得た。また OPI の手順とレベルごとに効果的とされる質問を考慮し、簡単な質問から高次認知質問へと配置し、質問分類表を作成した。

　本稿では質問分類表の作成過程を詳細に記述し、内容重視のアプローチによる読解授業での質問分類表の利用について提案した。また、今後の課題として、コーパス調査の対象を初級・中級にも広げて質問分類表を改善することと、さらに教育実践を通して質問分類表の効果を検証することを挙げた。

キーワード：批判的思考力、ACTFL-OPI、高次認知質問、質問分類表、内容重視のアプローチ

Question Classification
Based on an OPI-style Conversation Corpus

Fundamental research to improve learners' question formulation skills

HORI Keiko (Toyo University), ATAKA Noriko (Meiji University)

OSUMI Noriko (Tokyo University), KETCHAM Chikako (Sophia University)

NAGAMATSUYA Yuki (J.F.Oberlin University)

HASEGAWA Yuka (Keio University)

Abstract

The ability to generate questions enhances students' critical thinking skills. To find means of improving students' questioning skills, this paper analyzes an oral proficiency interview (OPI) –style conversational corpus that used the ACTFL-OPI method. It is necessary for teachers to understand the function and language form of questions, so the analysis targets 221 conversations, primarily at the advanced and intermediate levels. Questions are extracted from the conversations and classified into four categories, nine subcategories, and 30 further subcategories. Effective questions were sorted from simple to higher-order cognitive questions based on the OPI procedure, and a classification table was created for effective questions at each level.

This paper provides details on the process of creating the question classification table and proposes a use of the table in a content-based reading comprehension class. Future research could expand corpus data to novice and intermediate-level interviewees, improve the classification table, and verify the table's effectiveness through educational practice.

Keywords: Critical thinking skills, ACTFL-OPI, higher order cognitive questions, question classification table, Content-based instruction

1. 研究の背景と目的

　21 世紀型スキルの中で「思考の方法」に批判的思考力が挙げられている (グリフィン他, 2014)。文部科学省 (2012, 5) は、「高等教育段階で培うことが求められる『学士力』の重要な要素」として、「答えのない問題に解を見出していくための批判的、合理的な思考力をはじめとする認知的能力」を挙げている。また、批判的思考について、目標に基づいて行われる論理的思考であり、意識的な内省を伴う思考、情報を鵜呑みにしないで判断する能力であると言われている (Phillips & Bond, 2004)。Gray (1993)、King (1995) は、内省を行うためには、問いかけが必要であり、質問をすることによって高められると指摘している。

　しかし、授業中に学生が質問をしないことは、日本国内においてだけでなく (道田, 2011)、海外の大学においても指摘されている (ジョンソン他, 2001)。「質問をしないこと」のうち「質問できないこと」に関して生田・丸野 (2005) は、「疑問があるがうまく言語化できない」段階があり、質問生成に必要な「質問の形」や利用法 (質問を使って何ができるか)

を理解させ、方略を獲得させる必要があると指摘している。このように、高等教育機関において質問そのものについて学生に理解させ、利用を促すことが必要であるが、その前提として教師がどのような支援、足場かけができるのか十分に把握しているとは言えないであろう。

　一方、口頭表現能力の熟達度を測るACTFL-OPI[1]（以下、OPI）では、テスターは判定の根拠となる発話を引き出すべく、被験者のレベルに応じて単純な質問[2]から、複雑な議論を引き出すための段階を踏んだ質問へと質問の難度を上げていく（詳しくは後述）。そのため、それらの質問を分析すれば、どのような質問が議論を深めるために有効か、どのような言語形式が使われるかといった知見が得られると予測される。その知見はOPIだけでなく、広く日本語教育において、質問する能力を高め、協働学習、ディスカッション、質疑応答などの口頭表現教育や学術場面での教育等に応用が期待できるであろう。

　そこで、学習者の質問力を向上させるための基礎研究として、OPIの手法を用いた会話コーパスから質問を抽出し、質問の意図と言語形式を明らかにすることを本研究の目的とする。

2.　先行研究

2.1　質問に関する先行研究

　前述のように、Gray (1993)、King (1995) は、学習者自ら問うことが深く考えることにつながり、批判的思考力が高められると指摘している。特にKing (1995) は一般的な疑問文の型がどのような認知的思考を引き出せるかの一覧（「質問語幹リスト[3]」question stems）を示している。また授業では学習者に「質問語幹リスト」を使って質疑応答をさせることで、分析、評価、比較といった認知過程を誘発し、批判的思考力を高めたと述べている。

　また生田・丸野 (2005) によると、学習者が質問することは課題を適切に処理し、できるだけ効率的・効果的に学習を進めるための学習方略の1つとして、学習課題と既有知識を結びつけ、認知構造の中に関連付けるときに利用できるとしている。中でも高次認知質問（より精緻な思考を必要とするような質問）が深い理解に効果があると指摘している。

　さらに、舘野・森永 (2015) は、グループワークの振り返りに「質問会議」（清宮, 2008）の手法を取り入れ、質問を重ねていくことで問題を深く掘り下げ、改善の糸口を見いだすこと

---

1) ACTFL-OPI とは、ACTFL (The American Council on the Teaching Foreign Languages：米国外国語教育協会) が策定した評価基準に則って口頭表現能力を測定する OPI (Oral Proficiency Interview) の略である。
2) テスターは疑問文や依頼文の形で発話を引き出すが、ここでは三浦 (2020) に従い、すべて「質問」と表す。
3)「質問語幹リスト」という訳語は、道田 (2011) による。

ができたとしている。質問を利用する手法がビジネス場面においても有効であるならば、日本語学習者が将来にわたって長く利用できる能力として身につけるべきスキルであると言える。

　しかしながら、前述の通り、国を問わず大学生は質問をしないと言われている。日本語学習者について、朴 (2015) は作文のピア・レスポンスで出た質問を分析しているが、学習者のレベルによって差があることがわかる。日本語力上位の学習者は言葉の意味を聞く「意味の質問」に加え、「内容や意図の質問」も多いが、日本語力下位の学習者は「意味の質問」が質問全体の 70% 近くを占め、「内容や意図の質問」はわずかに 1 回 (2%) にとどまったという。ここから、日本語力下位の学習者に対して「内容や意図の質問」といった高次認知質問の形を具体的に示す支援があれば、産出できる可能性が考えられる。

　これまでの学習者の質問を促す研究には、以下のようなものがある。「質問語幹リスト」は使わず、授業中質問せざるを得ない状況を作り出して質問力を高めようとする道田 (2011) による研究、堀他 (2018)、堀 (2019a)、世良 (2019) の、刺激となる文や絵などを示し、ブレインストーミングの手法で質問を促す「質問づくり」(ロススタイン・サンタナ, 2015) を取り入れた日本語授業実践、日本の歴史を理解した上で高次認知質問を生成させる実践研究 (小山, 2018)、中・高校生対象の科学教室において「知識構成型ジグソー法」の中で出た問いに注目した研究 (齊籐, 2021) などである。しかし、質問の型を示して質問を促した実践は少なく、卒論・修論指導において「定型書式」(テンプレート) を示し、それを満たした論文が書けたかを問う野崎 (2021) と、学会での質問力を育成するために質問評価表を用いた亀岡 (2021) のような高度な専門的学術場面における実践研究が行われているのみである。

　最後に、学習者の質問力を向上させるためには、質問に関する理解を促し、足場かけをする立場の教師自身が質問について十分に理解していることが大前提である。しかしながら、一般的な質問の種類やその言語形式を明らかにした研究は管見の限り見られない。

2.2　OPI とは

　OPIとは、「外国語学習者の口頭能力の熟達度を (中略) インタビュー方式で被験者の口頭能力の上限と下限を見極め、安定した能力判定を見いだすテストである」(牧野, 2020, 25)。能力のレベルは、初級・中級・上級・超級があり、初級・中級・上級には下位レベルとして上・中・下がある。各レベルの特徴は次の通りである。初級は、日常的で身近な話題において丸暗記した表現などを用いてやりとりできる。中級は、日常的で身近な話題について自分

堀恵子・安高紀子・大隅紀子・ケッチャム千香子・長松谷有紀・長谷川由香

で簡単な質問をし、会話を続け、終わらせることができる。上級は、公式／非公式な場面で、一般的な話題について叙述や描写ができる。超級は、ほとんどの公式／非公式な場面で幅広い話題に対応でき、議論や裏付けのある意見や仮説を立てることができる。各レベルの判定基準を表1に示す。

<表1>　OPI判定基準 (三浦 (2020, 66-67) より)

レベル	機能・総合的タスク	場面・内容	正確さ・理解難易度	テキストタイプ
超級	身近な話題不慣れな話題について話し、意見を弁護し、仮説を打ち立てる	ほとんどのフォーマル、インフォーマルな場面。／一般の関心事に関連した話題と特定の興味や知識に関する分野の話題といった幅広い範囲	基本文法に間違いのパターンがない。間違いがあっても、聞き手は、メッセージから注意をそらされるなどコミュニケーションに支障をきたすことはない	複段落
上級	主要時制枠において、ナレーションと描写ができ、不測の事態をはらんだ日常的な状況や取引に効果的に対応できる	ほとんどのインフォーマルな場面とフォーマルな場面の一部／個人に関連した、または一般的な話題	非母語話者に不慣れな話し相手でも問題なく理解してもらえる	口頭段落・つながりのある談話
中級	言語を使って自分の伝えたいことを作り出す、簡単な質問に答えたり、質問をすることができる、単純な場面や取引状況に対応できる	いくつかのインフォーマルな場面と限られた数の取引の場面／予測可能な、日常生活や個人の生活環境に関連した話題	非母語話者に慣れた話し相手に、とっさに繰り返したりすることはあるが、理解してもらえる	ばらばらの文・つながった文
初級	決まった語句や暗記した発話で、必要最小限のコミュニケーションができる。単語、語句、リストなどを産出する	もっとも頻繁に起こるインフォーマルな場面／日常生活のもっともありふれた内容	非母語話者に慣れた話し相手にも、しばしば理解するのが困難な場合がある	個々の単語、語句、リスト （列挙）

2.3　OPIの進め方と用いられる質問

　ここでは、OPIのインタビューの構成とそこで用いられる質問について述べる。OPIは「導入部」「レベルチェック」「突き上げ」「終結部」の4つの段階からなる (表2)。導入部では被験者の緊張をほぐし、インタビューに必要な様々な話題を集める。レベルチェックでは、導入部で集めた話題を使って、被験者が無理なく話せて維持できるレベルを見極める。突き上げではタスクの難易度を上げて、能力の上限を確認する。最後の終結部では、緊張を和ら

げるよう楽なレベルに落とし、インタビューを終える。レベルチェックと突き上げは、十分な証拠を得るまで複数回にわたって行われる。

<表2> OPI の構成における 4 つの段階 (大隅・堀 (2018, 73) より)

導入部	レベルチェック ⇔ 突き上げ		終結部
あいさつ、簡単なやりとり、会話の糸口となる話で構成	無理なく話せるレベルを見極める質問	運用能力の上限、限界を発見する質問	楽なレベルに戻し、肯定的な雰囲気で終結する

　レベルによって、被験者の発話を抽出するのに効果的な質問は異なる。三浦 (2020, 72-81) によると、初級レベルでは「閉鎖型質問」、例えば「毎日何時に起きますか」「食べ物は何が好きですか」等の質問が効果的である。中級レベルでは「開放型の質問」、例えば「X について話してください」「どうして〜か」等の質問が効果的である。上級レベルでは、ナレーションや描写を通して全体像を提示できるかを確認するため、「詳しく教えてください」等の質問をする。最後に超級レベルでは、「トリプルパンチ」という手法が使われる。トリプルパンチとは、(1) 相反する論点を提示した上で意見を要求し、(2) テスターがわざと反対意見を示して反論を引き出し、(3) 仮定的状況を提示して質問をするという「3 段階の質問」(三浦 2020, 78) のことである。このような議論を成立させる意見要求、反論、仮説要求という質問は深く考えることを必要とする高次認知質問であると言える。

　牧野 (2020, 17-18) はOPIの 8 つの「質問の型」を示している。大別すると、疑問文の形をとるもの、依頼文の形で疑問文と同じ機能を果たすもの、被験者が述べたことや仮定的状況などを前置きしたうえで、2 文以上で尋ねるものである。テスターは被験者のレベルとインタビューの進行に応じて、効果的な質問の型を選択する。

　以上、先行研究において学習者の質問力の向上が批判的思考力を高めるという認識は一致しているが、質問力向上のために必要な支援の内容、質問自体に関する知見、実践研究などが十分ではないことが明らかになった。一方、OPIでは上述のようにインタビューによって口頭能力を測定する方法が確立され、40 年近く実施されてきている (牧野, 2020)。そこで、本研究では学習者の質問力向上のために、教師はどのような支援をすべきかを考える基礎研究として、OPI形式の会話データを分析し、質問の種類やその言語形式を明らかにする。

3. 質問調査

3.1 調査対象のコーパスデータ

　調査対象は、国立国語研究所「日本語学習者会話データベース　縦断調査編」である。このコーパスはOPIの形式でデータが収集され、話者のレベルが付与されている。対象データは超級、上級を中心に中級も加え（分析過程については後述）、合計 221 会話である。母語[4]の内訳は韓国語、中国語、英語、その他で、コーパス全体の割合をほぼ反映している（表 3）。

<表 3 >　調査対象会話の OPI レベルと会話数、母語別内訳

OPI レベル	会話数	母語の内訳			
		韓国語	中国語	英語	その他
超級	23	7	7	3	6
上級ー上	37	30	8	7	7
上級ー中	37	21	8	2	6
上級ー下	52	30	8	7	7
中級ー上	68	32	14	11	11
中級ー中	4	2	0	0	2
合計	221	103	46	30	42

3.2 質問と認定する範囲

　質問には 2.3 で触れたように疑問文の形を取るものと、依頼文の形を取るものとがある（牧野 2020, 17）。次の例 1 は疑問文であるが、例 2 は平叙文で依頼を意味する。本研究では話者から情報を引き出す例 2 のような発話も質問文と同様に扱う。

　　例 1) あーっと【姓 B】さんお国はどちらですか（下線は筆者）（中級ー上 219）[5]
　　例 2) お名前お願いします。（上級ー上 追加 01）

---

4) 母語として 2 カ国語が書かれている場合は 1 番目に書かれている言語を集計に入れた。ただし、「日本語・英語」と表示されている 1 名は、英語として集計した。

5) 発話データは、コーパスの文字化資料をそのまま転記する（誤りや繰り返しも含む。「追加データ」は句点の付け方が異なるが、元データのままとする。「追加データ」とは、2008 年、2009 年に収集されたコーパスデータである）。数字はデータ番号、〈　〉内はあいづち、【　】は情報を伏せてある。T はテスター、I は調査協力者を指す。発話内容を筆者が要約した場合は（　）で示し、発話の途中を省略した場合は（中略）とする。

またOPIは会話形式で行われるためテスターの発話には多くの「応答表現」が含まれる。「応答表現」の定義は柏野 (2020, 331) に従い、「相手の発話に応じ何らかの反応を返す表現」とする。柏野 (2020) の示す例を見ると「そうなの？」「違う？」「何？」といった相手の返答を求める質問が含まれており、本研究ではこれらの発話についても質問とし、分析の対象とする。

例3)
I125[6]：コレッジ〔カレッジ〕っていうあの　　　　　　　（上級−上 追加 36)
T112　：ななんだって？。

例3のT112は「応答表現」であるが、発音が不明瞭であったため確認しようと聞き返していると考えられる。そこで、これも分析の対象とする。
　一方、テスターの発話のうち、意図が不明確なものは分析の対象としない (例4)。

例4)
T23　　：(ブラジルについて) ラテンのなんかこう性格とか私のイメージでは…
I23　　：あー熱狂が…　　　　　　　　　　　　　　　　（超級 追加 13)
T24　　：熱狂的な…
I24　　：はいそうですねー。
T25-1　：感じとか。あとはーお祭りが好きな感じがするんですけれども。

　例4は、ブラジルはどんな国かとテスターが聞いた後の会話である。T23がブラジルのイメージについて話しているところにI23が「あー熱狂が」と割り込み、続いてT24とT25で「熱狂的な・・・感じ」と言おうとしたところ、I24の応答表現が入ってきた場面である。I24で分断されたためT24とT25の2つに分かれて表記されており、この2つの発話はI23「熱狂が」という表現の意図を確認した質問なのか、同意を表しつつ言葉を訂正したものなのか明確ではない。このコーパスは音声が一部しか公開されていないため確認することができない。そのため、T24とT25のような意図が不明確な発話は分析の対象から外すことにする。

---

6) 本研究では分析のため話者ごとに発話番号を付ける。元データの改行に従って1発話をさらに分け、ハイフンのあとに番号を付すことがある。

堀恵子・安高紀子・大隅紀子・ケッチャム千香子・長松谷有紀・長谷川由香

4.　質問分類の行程

4.1　本研究の質問分類の方針

　本研究の目的に照らして分析の方針は、テスターのすべての質問を分類し計量的に分析することではなく、高等教育機関における日本語教育の現場で教師が口頭表現能力を高めるための指導の際に参照できるよう幅広い観点の質問を収集することである。

　道田 (2011) の「質問分類のためのカテゴリー表」(以下、「道田分類」) は学術的な場面で学生が生成した質問を分類しており、本研究が対象とする場面に合致する。そこでコーパスから抽出した質問を分類するに当たって「道田分類」に当てはめることから始める。

　ただし、道田 (2011) は授業中に「質問経験」を積めば、「質問語幹リスト」などを使わず質問力向上が期待できるとの仮説の下、教科書内容に関するグループ発表に対し他の学生が質問を書き、グループの学生か教師が答えるという実践を行っている。「道田分類」は、学生の質問を評価するためにKing (1995) の「質問語幹リスト」を参考に作成されたものである。

　このような本研究と道田 (2011) の研究の目的との相違から、本研究では「道田分類」を出発点としつつ、口頭表現能力を高める教育のためには何が必要かを見据えて独自の質問分類を行う必要がある。そのため、分類する過程で目的にふさわしい分類の観点などを探りながら分類に至った過程を詳しく記述することが重要であると考える。そこで、次節では分類の行程を時間の経過を追って詳細に述べる。

4.2　質問分類の行程

　質問分類の行程は、4つの段階に分けられる (図1)。I期：OPIの質問にタグづけして、「道田分類」に当てはめ、問題点を洗い出す。II期：「道田分類」に当てはまらない質問から新しいカテゴリーを作成する。III期：分析データ数を増やし、暫定版「質問分類表」を作成する。IV期：小カテゴリーのラベルを見直し、「質問分類表」を完成する。以下、順に述べる。

【I期：OPIの質問のタグづけ、「道田分類」への当てはめ、問題点の洗い出し】

　「道田分類」(表4) は、大カテゴリー・中カテゴリー・小カテゴリーの3階層からなり、大カテゴリーは「事実を問う質問」「思考を刺激する質問」「意味不明」に分けられている。大カテゴリー「事実を問う質問」の下の中カテゴリーは「単純説明」で、意味や具体例など事実を問うものである。大カテゴリー「思考を刺激する質問」の中カテゴリーは「なぜ」「特

84

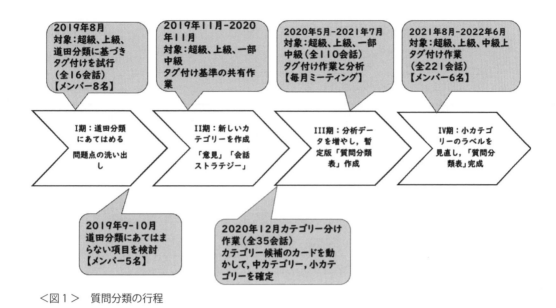

<図1> 質問分類の行程

徴」「可能性」「具体的質問」の4つで、小カテゴリーには合計13カテゴリーが含まれる。

以下では、大カテゴリー「思考を刺激する質問」を例に、分析手順を説明する。

I期では、超級、上級は幅広い話題を取り上げることから、当時の本研究のメンバー8名が各自超級と上級−上データの1本ずつを担当し、「道田分類」に倣ってタグづけを行った。その上で3班に分かれて作業の問題点を洗い出し、全体で検討した (2019年8月)。

全体討議で「道田分類」に当てはまらない質問が多数あることを確認し、新たなカテゴリーを作成すべく、検討を始めた (2019年9月から10月)。

【II期：「道田分類」に当てはまらない質問から新しいカテゴリーを作成】

OPIでは、2.3に示したように話者の主観的な意見を問う質問や反論を引き出すための質問もあるため、「道田分類」にはないカテゴリーを立てる必要がある。そこで、質問の意図や機能に注目して新たなタグを作り、それをメンバー (当時5名) が分担してタグづけを行った後、2班に分かれて話し合いを重ね、最後に全体で検討を行った。

また、反対に「道田分類」にはあるが、超級、上級データにはない場合には、中級データも分析対象とした。例5は、小カテゴリー「結果 (効果)」の例である。

例5）T：じゃ、（中略）そういう活動をして〈ん〉、人にパンフレットをあげたりして、
　　　そういう活動をして〈んーんー〉、効果がありましたか　　　　（中級－上 206）

<表4＞　道田 (2011) の分類表の一部

思考を刺激する質問	なぜ	なぜ	なぜ～なのか。
		なぜ	～する意味は何か。
		なぜ	～の｛理由／原因／わけ｝は何か。
	特徴	目的	何のために～をするのか。
			～はどのような必要性があるのか。
		結果（効果）	それはだれでも可能なのか。
		結果（効果）	～は｛どのぐらい／どのような｝｛効果／意味｝があるのか
		特徴	～の特徴は何か。
		特徴	～の｛メリット／デメリット｝は何か。
		特徴	～の重要な点は何か。
		方法	～は～のようにしてよいのか。
		比較	～と～の違いは何か。
		比較	～と～はどこが似ているのか。
		比較	～の観点から、～と～を比較するとどうなるか。
	可能性	もし	もし～なら、どうなるのか。
		もし	～ということは生じないのか。
		可能性	～という可能性はないか。
		可能性	このようにも考えられるのではないか。～
		可能性	～についての別の（再度からの）見方はないか。
		場合	～のような｛時／場合｝はどうなるのか。
		批判	～という考え方は適切か。
		批判	こう考えた方が適切ではないか。～
		批判	～に対する反論は何か。
		批判	～という点は、～という観点から疑わしくないか。
	具体的質問	具体的質問	～とあるのは、～ということか。
		具体的質問	～は、Aなのか、Bなのか。
		具体的質問	～は、～と考えられるが、適切か。
		関係	それは、～とどのような関係にあるのか。
		関係	～は～にどのような影響を与えるか。
		非単純説明	（説明を求めているが、「児童にどのように伝えればよいか」など単純ではない説明）

　「道田分類」の分類上の問題点として、どこに分類すべきか判断が難しい場合があることが挙げられる。まず、大カテゴリーは「事実を問う質問」と「思考を刺激する質問」とに分けられているが、「特徴」「結果」などは事実を述べるものであり、分類の判断に迷う。

　また、各カテゴリーには「キーワード」として質問文の表現例が挙げられているが、似ている表現が異なるカテゴリーに分けられていることがあり、分類を難しくしている。例えば

大カテゴリー「事実を問う質問」には、中カテゴリー「単純説明」→小カテゴリー「具体例」がある一方、大カテゴリー「思考を刺激する質問」には、中カテゴリー「具体的質問」→小カテゴリー「具体的質問」があり、両者はどのように異なるのか明確ではない。さらに、大カテゴリー「思考を刺激する質問」→中カテゴリー「具体的質問」→小カテゴリー「非単純質問」には質問文の例はなく、「(説明を求めてはいるが『児童にどのように伝えればよいか』など単純ではない説明要求)」との記述があり、「単純ではない」と判断する基準や、「方法」など中カテゴリー「特徴」に含まれる小カテゴリーとの違いがわかりにくい。

　以上から、「道田分類」と異なり、本研究は次の 3 つの観点を分類の方針にすることとした。①言語教育に使用できるようわかりやすい分類にすること、②話者の意見を問う質問や反論を引き出すための質問のカテゴリーを立てること、③会話形式のデータであるために「応答表現」のような会話ストラテジーに関わる質問のカテゴリーを立てること、である。

　そこで、全 35 データの分析を元に、大カテゴリーを「単純説明」「詳細説明」「意見」「会話ストラテジー」の 4 つとした。「単純説明」は単純な情報を問う質問、「詳細説明」は詳細な説明を要求する質問、「意見」は話者自身の考えを問う質問、「会話ストラテジー」は会話の運用に関する質問 (「もう一度?」など) である。「道田分類」の大カテゴリー「思考を刺激する質問」は、多くが「詳細説明」に引き継がれることになった (2020 年 11 月まで)。

【III 期：分析データ数を増やし、暫定版「質問分類表」を作成】

　超級データでは、テスターのあいづちだけで調査協力者が話を前に進める場合があり、より明確な質問形式を収集する必要があると考え、上級と中級ー上データを加えた。

　分析対象の各質問に付けた質問意図・機能のタグから、ふさわしいカテゴリー名と階層構造を検討した。検討に当たっては、スプレッドシートにカテゴリー名の候補となる質問文のタグと表現形式、データ番号とそこにリンクを張った質問文からなる一覧表を作成し、元データを常に参照しながら進めた。カテゴリー分類は、Google スライドに候補となるカテゴリー名を並べ、似ているものを近くに配置するなどグルーピングし、中カテゴリーと小カテゴリーの階層構造を確定し、暫定版「質問分類表」を作成した (2020 年 12 月) (堀他, 2021)。

　その結果、「道田分類」(表 4) では大カテゴリー「思考を刺激する質問」の下に「なぜ」「特徴」「可能性」「具体的質問」があったが、「質問分類表」(表 5) では大カテゴリー「詳細説明」の下に、「詳細説明」「原因・理由・目的」「特徴」「結果」が含まれることになった。

<表5> 詳細説明の質問例(「大・中・小」はカテゴリーを示す。データ情報はOPIレベル(例:「上級―上」を「上―上」と記す)とデータ番号(以下同じ))

大	中	小	データ情報	発話例(下線部は質問を表す形式)
詳細説明	詳細説明	詳細説明	中―上246	T34: もうちょっと詳しく説明できますか
		解釈確認	上―上 追加16	I21:(殺人事件を知って驚いた) T46: 中国では考えられないということですか?。
	原因・理由・目的	原因・理由	上―中 追加12	T53: その理由は
		目的	上―下174	T33: 日本に来た目的は何ですか
		必要性	上―上 追加10	T28: 女性が長く働き続けるためには、どのような環境整備が必要だと思いますか
	特徴	方法	中―上25	T18: 新宿へ行くときはどうやって行くんですか
		比較	上―下174	T15: じゃ、その原宿にいる、たぶん若い人ですよね、韓国の若い人と比べてどう違いますか。
		条件・要素	上―中319	T41: 人の励みになれる人っていうのは、どういう条件を持った人だと思いますか
		特徴	上―中37	I37-41:(仕事で携帯電話のデザインをしていた) T42: ~さんが作った、ときの形っていうのはどんな特徴あるんですか
		意義・価値	上―中342	T23: 大統領を国民1人1人が選ぶという意義は、どのように考えていますか
		効果	超 追加15	T47: ペットからもらえる、何か効果みたいなものは~さんは感じてらっしゃいますか
		関係・影響を与える	中―中75	I16-18:(女性の就職は大変で、英語の成績は一番大切) T18: そういうことは就職に影響しますか
	結果	結果・影響を受ける	上―上279	I48-50:(英会話学校の面接を受けた) T51: 結果としてその面接はどうなったんですか

【Ⅳ期:暫定版の確認、「質問分類表」完成】

　暫定版の分類を確認するため、中級―上データを加え、全221会話を6名のメンバーが分担してタグづけし、スプレッドシートに記入後、全員でタグと分類の妥当性について矛盾点がないか、カテゴリー名はわかりやすいかなどの検討を続け、「質問分類表」を完成させた(2022年9月)。

5. 結果と考察

5.1 「質問分類表」

　「質問分類表」は表6のように、4つの大カテゴリーの下に、中カテゴリー9、小カテゴ

リー 30 となった。大カテゴリーは上から「単純説明」「詳細説明」「意見」「会話ストラテジー」の順に配置した。「会話ストラテジー」を除くと、上から相対的に単純な質問から高次認知質問へと移行することを意図している。2.3 で述べたようにOPIではレベルに従って単純な説明を要求する「閉鎖型質問」から、詳細な説明を要求する「開放型の質問」、さらに能力

<表6> 「質問分類表」

大カテゴリー	中カテゴリー	小カテゴリー	小カテゴリーの説明
単純説明	事実を問う質問	単純な情報	国や職業など一言で答えられるような単純な情報を尋ねる
		定義	ものごとの定義を尋ねる
		具体例	具体例を尋ねる
		発話確認	相手の発話内容を確認する
		事実確認	相手や相手の発話内容に関係する事実を確認する
詳細説明	説明・詳細	詳細説明	一言で言えないような内容に関して詳しい説明を要求する
		解釈確認	聞いた内容に関する自分の解釈が正しいかどうか確認する
	原因・理由・目的	原因・理由	原因・理由を尋ねる
		目的	目的を尋ねる
		必要性	必要性やなにが必要なのか尋ねる
	特徴	方法	方法を尋ねる
		比較	比較してどうかを尋ねる
		条件・要素	必要な要素を尋ねる
		特徴	特徴を尋ねる
		意義・価値	どのような意義・価値があるか尋ねる
		効果	どのような効果があるか尋ねる
		関係・影響を与える	どのような関係があるか、どのような影響を与えたか尋ねる
	結果	結果・影響を受ける	結果や影響を受けてどうなったか尋ねる
意見	意見	意見	意見を尋ねる
		評価・判断	評価，良し悪しの判断などについて尋ねる
	仮定	可能性	可能性を尋ねる
		予測・展望	将来の予測・展望について尋ねる
		仮定的意見	仮定的な状況に対する意見を尋ねる
		仮定的立場（OPI）	ある立場に立ったと仮定してどのような行動をするか尋ねる
		問題解決	問題の解決方法を尋ねる
	批判	反論	話し手の意見に反対してさらなる意見を引き出す
会話ストラテジー	会話ストラテジー	あいづち	聞き返すあいづち
		聞き返し	相手の発話をくり返して聞き返す
		促し	相手が話すのを促す
		許可求め	会話の流れや話題の転換について相手に許可を求める

が上がることになる。したがって、学習者の質問力の向上、ひいては批判的思考力の向上を目指す本研究においてもこの配置が有効と考え、採用した。

5.2　大カテゴリー「単純説明」「意見」「会話ストラテジー」について

　以下では、「詳細説明」以外の大カテゴリーについて概観する (表 7 参照)。

　大カテゴリー「単純説明」は、事実を問う質問である。小カテゴリーには「単純な情報」「定義」「具体例」「発話確認」「事実確認」の 5 つが含まれる。「定義」とは、発話の未知語やわかりにくい語に関して意味や定義を聞く質問である。「発話確認」は、聞き取れなかったときや、省略された要素が不明のときに発話内容を確認するものである。

　大カテゴリー「意見」は、話者の意見や問題の解決策などを引き出す質問で、中カテゴリー「意見」「仮定」「批判」の 3 つが含まれる。中カテゴリー「意見」は、小カテゴリー「意見」および「評価・判断」の 2 つが含まれる。「評価・判断」は良し悪しの評価や物事の判断などについて尋ねる質問である。中カテゴリー「仮定」には、仮定的な状況における意見を問う小カテゴリー「可能性」、「予測・展望」、「仮定的意見」、「仮定的立場 (OPI)」「問題解決」を立てた。「仮定的立場 (OPI)」とは、「もしあなたが総理大臣だったら」(三浦, 2020, 83) のように、ある立場に立ったと仮定してどのような行動をするか尋ねる質問のことである。これは表 1 に示した超級の機能・総合タスクの記述にある「仮説を打ち立てる」を確認するために、「もし (責任ある地位の人) の立場だったらどうするか」と質問し、仮定表現を使用して答えられるかを確認するもので、以前OPIでよく用いられた、固定的表現を使った質問である。OPIに特有な質問であるため「仮定的立場 (OPI)」と命名した。また、一般的に仮定的状況で意見を求める質問は「仮定的意見」とした。中カテゴリー「批判」には、テスターが話し手の意見にわざと反対し、さらなる説得力ある意見を引き出す「反論」が含まれる。

　大カテゴリー「会話ストラテジー」は、OPIが対面のテストであることから、テスターが「あいづち」「聞き返し」「促し」「許可求め」をするもので、質問ではないため批判的思考力に直接的に関与するとは考えにくいが、会話教育には貢献すると考えられる。

＜表7＞ 「単純説明」「意見」「会話ストラテジー」の質問例

大	中	小	データ情報	発話例（下線部は質問を表す形式）
単純説明	事実を問う質問	単純な情報	超 10	T3: どちらからいらっしゃいましたか
		定義	中一中 57	I45: 韓国には日本らしい温泉がありません T46: 日本らしい温泉というのは、どんな温泉ですか
		具体例	上一上 追加 36	T167: オートバイね、どういうの持ってるんですか
		発話確認	上一上 追加 1	I8: 日本は随分変わってますね。 T9: あ、変わりました？
		事実確認	中一上 61	I33:3 種類のお水があるんですけど・・・ T34: そのお水がどこにあるんですか
意見	意見	意見	上一中追加 16	I56: (PTA 活動で地域のことを知るようになった) T94: でそれについてはどうお考えですか？。
		評価・判断	上一中 248	T15: （中略）シンガポールのね〈はい〉、若い人は１度軍隊に入らないといけないという制度は、あの〈ん〉いいと思いますか,（中略）どうゆうメリットとか（中略）デメリットは、どんなものでしょう？
	仮定	可能性	上一中 382	I 52-57:（財産目当てで親を殺害する事件が起きた） T58: んーそういう場合は死刑っていうことは考えられますか
		予測・展望	中一上 200	T71:（中略）今後その日本とアメリカの関係がどうなってい、いくと思いますか
		仮定的意見	上一上 追加 9	T71: もし、自分自身が、その、結婚するときにね、そういうお金かそれとも愛かっていうふうに迫られたらご自身はどちらを選択しますか？
		仮定的立場 (OPI)	超 追加 4	T59:【I（姓・名）】さんがそういう立場〈はい〉非常にそういう立場に立ったとしたときにどういう風にすればうまくいくと思いますか？。
		問題解決	上一上 追加 9	T80:【I（姓・名）】さん自身では、どういう点を取り込んだら授業が上手くいくと思いますか？
	批判	反論	上一上 追加 1	T113: それあのーだとすると大学をいくら良くしても社会に出て行ったときに就職先が先がなければ意味がないんじゃないんですか？
会話ストラテジー	会話ストラテジー	あいづち	中一上 61	T: あー、大変ですよね
		聞き返し	中一上 344	I: 最近 T: 最近は I: 最近始めて〈はい〉（後略）
		促し	中一上 61	T: あーわかんないですけど続けてください {笑}
		許可求め	上一上 追加 39	I: わたくし、【I（名・姓）】と申します。 T: じゃ、【I（名）】さんでいいですか？。

6. 授業への応用の提案と今後の課題

King (1995) は、心理学の授業で自ら作成した「質問語幹リスト」を学生に示し、2つの場面で質問を生成させている。それらは、①新しい概念を導入した後、学生がピアで確認し合うための質問生成と、②予習として読解課題を与える際の質問生成の場面である。

日本語教育では堀 (2019b) が、道田 (2011) の「道田分類」を参考に質問リストを学生に提示し、「質問づくり」の効果が見られたとしている。しかし、その質問表では本研究のような系統だった分類は行われていない。そこで、今後本研究の成果を利用した授業として、次のような場面を提案する。

堀 (2019b) は、読解テキストを刺激教材として導入し、学生のディスカッションや調べてきたケースについて発表し合う内容重視のアプローチ (Brinton et al., 1989) を取る授業である。前述の質問リストの代わりに本研究の「質問分類表」を利用すれば、①授業前の自律学習、②授業中のグループ活動、③単元履修後の振り返りの材料、として利用できる可能性がある。

①授業前の自律学習としては、読解教材を一読した後、自己質問を作成し、答えを用意しておく。自己質問させることで結果的に複数回本文を読むことになり、言語形式に対する理解が深まると同時に内容についても批判的に見ることができる。②授業中には、各自が持ち寄った質問をグループメンバーに聞くことで、一人では思いつかなかった視点からの質問を体験し、答えを考える過程で本文の形式を学び、内容に関する理解がより深まり、批判的思考力も刺激される。また、グループディスカッションを行うときのテーマ (課題) に質問を利用することもできる。③授業後は、King (1995) が述べるようにメタ認知を刺激するため、振り返りとして「〜を理解したか」と問いかけることができる。

以上、「質問分類表」を利用した授業案の一例を示した。

本研究の「質問分類表」は、上記の授業以外に聴解の内容理解、作文の内容構成に関わるピア活動、口頭発表後の質問促進など、幅広く日本語教育の現場に導入できる可能性がある。

今後の課題としては、2点を挙げる。1つめは「質問分類表」の改善である。2.3で初級レベルの質問例として挙げた「食べ物は何が好きですか」(三浦 2020, 72) という「閉鎖型質問」は一問一答で答えることができる単純な情報である。

例 6) T50：どんな勉強が好きですか　　　　　　　　　　　　（初級−上 113）
　　　I50：どんな勉強、外国語〈ん〉、勉強、は好きです

　本表では、嗜好に関する質問は大カテゴリー「意見」→中カテゴリー「意見」→小カテゴリー「評価・判断」に分類されている。しかし、例6) の質問例はごく単純な嗜好を尋ねる質問であるため、「評価」ではなく大カテゴリー「単純説明」のほうがふさわしいかもしれない。このように、現在の分類にはまだ再考の余地があるであろう。他にもコーパスデータ分析を中級、初級会話に広げることで、分類表を見直すことにつながる可能性もある。

　2つめは筆者らが行う様々なタイプの日本語授業に「質問分類表」の導入を試み、有効性を検証して今後の利用可能性について提案を行うことである。

参考文献

生田淳一・丸野俊一 (2005).「教室での学習者の質問生成に関する研究の展望」『九州大学心理学研究』6, 37-48. 九州大学大学院人間環境学研究院.

大隅紀子・堀恵子 (2018).「上・超級話者の発話を引き出すための談話展開と効果的な質問」『日本語プロフィシェンシー研究』6, 69-87. 日本語プロフィシェンシー研究学会.

柏野和佳子 (2020).「『日本語日常会話コーパス』モニター公開版に見られる感動詞以外の応答表現」『言語資源活用ワークショップ発表論文集』5, 331-347. 国立国語研究所.

亀岡淳一 (2021).「学会で質疑応答できる力を育成し評価する」小山義徳・道田泰司 (編),『「問う力」を育てる理論と実践―問い・発問の活用の仕方を探る―』187-199. ひつじ書房.

P.グリフィン・B.マクゴー・E.ケア (編), 三宅なほみ (訳)(2014).『21世紀型スキル　学びと評価の新たなかたち』北大路書房.[Griffin, P., MacGaw, B., & Care, E. (Eds.)(2012). *Assessment and teaching of 21st century skills*. Springer.]

小山悟 (2018).「歴史を題材としたCBIで学習者の批判的思考をどう促すか―デザイン実験による指導法の開発―」『日本語教育』169, 78-92. 日本語教育学会.

齊藤萌木 (2021).「学習で生まれる問い、学習を進める問い―協調問題解決をとおした問いの創発―」小山義徳・道田泰司 (編),『「問う力」を育てる理論と実践―問い・発問の活用の仕方を探る―』103-122. ひつじ書房.

D.W.ジョンソン・R.T.ジョンソン・K.A.スミス (著), 関田一彦 (訳)(2001).『学生参加型の大学授業―協同学習への実践ガイド』玉川大学出版部.[Johnson, D. W., Johnson, R. T., & Smith, K. A. (1991). *Active learning: cooperation in the college classroom*. Interaction Book Co.]

清宮普美代 (2008).『チーム脳にスイッチを入れる！　質問会議　なぜ質問だけの会議で生産性が上がるのか？』PHP研究所.

堀恵子・安高紀子・大隅紀子・ケッチャム千香子・長松谷有紀・長谷川由香

世良時子 (2019).「『質問づくり』を用いた口頭発表の授業」『日本語教育方法研究会誌』25 (2), 12-13. 日本語教育方法研究会.

舘野泰一・森永雄太 (2015).「産学連携型PBL授業における質問を活用したふり返り手法の検討」『日本教育工学論文誌』39 , 97-100. 日本教育工学会.

野崎浩成 (2021).「大学での卒論・修論指導時における「問い」の役割」小山義徳・道田泰司 (編),『「問う力」を育てる理論と実践―問い・発問の活用の仕方を探る―』167-186. ひつじ書房.

朴恵美 (2015).「ピア・レスポンス活動における質問の機能」『一橋大学国際教育センター紀要』6, 109-121. 一橋大学国際教育センター.

堀恵子 (2019a).「質問づくりを取り入れた読解活動―グループ活動に対する学習者の捉え方を焦点に―」『日本語教育連絡会議論文集』31, 118-127. 日本語教育連絡会議.

堀恵子 (2019b).「質問作りの実践が質問文作成に与える影響」『2019年度日本語教育学会春季大会予稿集』197-202. 日本語教育学会.

堀恵子・大隅紀子・世良時子 (2018).「質問作りの手法を取り入れた読解授業」『日本語教育方法研究会誌』24 (2), 58-59. 日本語教育方法研究会.

堀恵子・安高紀子・大隅紀子・長松谷有紀・長谷川由香 (2021).「話者の発話を引き出す効果的な質問は何か―OPIコーパス調査に基づく分類の試案―」『第30回小出記念日本語教育研究会予稿集』36-39. 小出記念日本語教育研究会.

牧野成一 (2020).「序章　OPIを知ろう」鎌田修・嶋田和子・三浦謙一 (編),『OPIによる会話能力の評価―テスティング、教育、研究に生かす―』2-26. 凡人社.

三浦謙一 (2020).「OPIのインタビューを学ぶ―インタビューと判定の留意点」鎌田修・嶋田和子・三浦謙一 (編),『OPIによる会話能力の評価―テスティング、教育、研究に生かす―』60-85. 凡人社.

道田泰司 (2011).「授業においてさまざまな質問経験をすることが質問態度と質問力に及ぼす効果」『教育心理学研究』59 , 193-205. 教育心理学会.

文部科学省 (2012)「新たな未来を築くための大学教育の質的転換に向けて―生涯学び続け、主体的に考える力を育成する大学へ―(答申)」中央教育審議会.[https://www.mext.go.jp/component/b_menu/shingi/toushin/__icsFiles/afieldfile/2012/10/04/1325048_1.pdf] (2023年1月17日検索).

D. ロススタイン・L. サンタナ (著),吉田新一郎 (訳)(2015).『たった一つを変えるだけ』新評論.[Rothstein, D., & Santana, L. (2011). *Make Just One Change: Teach Students to Ask Their Own Questions*. Harvard Education Publishing Group.]

Brinton, D. M., Snow, M. A., & Wesche, M. B. (1989). *Content-Based Second Language Instruction*.

Harper & Row.

Gray, P. (1993). Engaging Students' Intellects: The Immersion Approach to Critical Thinking in

    Psychology Instruction. *Teaching of Psychology, 20* (2), 68-74.

King, A. (1995). Designing the Instructional Process to Enhance Critical Thinking across the Curriculum.

    Teaching of Psychology, 22 (1), 13-17.

Phillips, V. & Bond, C. (2004). Undergraduates' experiences of critical thinking. *Higher Education*

    Research & Development, 23 (3), 277-294.

調査対象コーパス

国立国語研究所 (2019).「日本語学習者会話データベース　縦断調査編」[https://mmsrv.ninjal.ac.jp/judan_db/

    pilot/tsuika/] (2022年8月28日検索).

文字言語における「まあ」の接続詞的用法の分析

大工原勇人 (同志社大学)

要旨

　これまで「まあ」は、主に音声言語の資料に基づいて研究され、副詞ないしフィラーとして記述されてきた。しかし文字言語を見ると、文脈の流れを予測とは異なる方向に転換する際に接続詞的に用いられている例が多いことに気づく。本稿は、BCCWJ の用例および作例に基づく内省判断をデータとして、「まあ」の接続詞的用法の意味と成立条件を分析し、次の 2 点を明らかにした。第 1 に、「まあ」の接続詞的用法は、意味的に副詞的用法と連続し、「B。マア (タシカニ B ケド)、A。」という意味構造で、暗示されたケド節によって前後の文を関係づける。第 2 に、「まあ」が接続詞的に働く文連接は、 I 「B は真だ。まあ、A も真だ。」(部分的矛盾の言い添え)、 II 「B だ。まあ、いいか。」(流れに反する受容)、 III 「B だ。まあ、その話は置いておく。」(話題の棚上げ)、 IV 「B だ。まあでも、A だ。」(価値判断の転換) の 4 タイプに分けられる。

キーワード：接続詞、副詞、語用論、文脈、プロフィシェンシー

The Conjunctive Usage of "maa" in Written Japanese

Daikuhara Hayato (Doshisha University)

Abstract

The word "maa" has traditionally been described as an adverb or filler. However, it often acts as a conjunction. In this paper, 1,000 examples of "maa" in written texts were analyzed, and the following facts were revealed. First, the conjunctive usage of "maa" is semantically continuous with the adverbial usage and implies the "kedo" clause. This implied "kedo" clause relates the sentences before and after it. Second, there are four types of sentence concatenation in which "maa" acts as a conjunction: (1) adding a partial contradiction, (2) accepting against the flow, (3) shelving the topic, and (4) changing the value judgment.

Keywords: Conjunction, Adverb, Pragmatics, Context, Proficiency

1. はじめに

OPIにおいて「まあ」は、上級以上のプロフィシェンシーを特徴づける語の1つだと言われ、日本語学習者の習得支援に資する用法の研究が望まれている (山内, 2009, 58-63)。

「まあ」に関する先行研究は、次の (1) (2) のように、単文において他の要素を副詞的に修飾する用法を典型とみなし、その意味を「概言」(川上, 1993)、「処理過程の曖昧性を標示する」(冨樫, 2002)、「暫定性表示」(小出, 2009) などの表現で記述してきた。以下、『現代日本語書き言葉均衡コーパス　中納言版』(BCCWJ) によって収集した用例はサンプルID、開始位置、書名／出典を示す。また、出典表記がない例文は筆者による作例である。

(1) 全回答者に対する「満足」「まあ満足」および「不満」「どちらかといえば不満」と答えた人の比率。　　　　　　　　　(OW1X_00217, 39360,『国民生活白書』)

(2) よう、将門。よくぞ、参ったな。まあ、座れ

　　　　　　　　　　　　　　　　　　　　(PB29_00415, 2140,『妖都の姫君』)

また、談話レベルにおいて「まあ」が「えーと」や「あのー」のようなフィラー (間つなぎの感動詞) として用いられることも多くの研究で指摘されている (川田, 2010 など)。

しかし、実例において「まあ」が文間に生起し、接続詞的な働きをしている場合が多いことはあまり知られていない。たとえば次の (3) は、Yahoo!知恵袋における「パン作り専用の麺棒は必要か」という質問への返答で、自分にとって専用の麺棒は「不要だ」という主張から、余裕があるなら「買ったほうがいい」という主張への転換点に「まあ」が現れている。

(3) 麺棒の件ですが不要だと思います。そりゃあればやりやすいかもしれません。でもそんなこと言い出すと道具って増えるばかりですよね。私は兼用できるものは出来るだけ兼用しようという主義です。最低限必要な量り、ボウル、温度計、タイマー、スケッパーなどは買うべきです。でもお菓子作りで使っているものがあるならそれを使ったって上手に出来ますよ。まあ、ウチのように狭くなければ買ったほうがいいと思います・・・・便利でしょうし　　　(OC08_03335, 1550, Yahoo! 知恵袋)

(3) の「まあ」は、次の2つの点で、前後の脈絡をつける接続詞的な働きをしていると考えられ、副詞ないしフィラーという記述だけではその働きを十分に捉えられない。①もしこの「まあ」をパラフレーズするなら、「概ね」「とりあえず」等の副詞や、「えーと」「あのー」等のフィラーではなく、文脈の流れを予測とは異なる方向に転換するタイプの接続詞「でも」「とはいえ」「もっとも」等が適当である。②仮にこの「まあ」が省略された場合、文脈の転換が唐突になり、文章として不自然に感じられる。

また、次の (4) のように、③「まあ」が「しかし」等の逆接と併用され、「だがしかし」のような接続詞の二重使用 (馬場, 2006) に類似した形で文を接続する場合も少なくない [1]。

(4) 若い人も、一度テレビも雑誌も捨てて、現場に出ればいいのかもしれない。まあしかし人それぞれだから。　　　　　　　　　(OB5X_00278, 60080,『老人力』)

本稿は、上の①、②の条件を満たす「まあ」、または、③に該当する「まあ」を「接続詞的用法」と呼び、文字言語の用例の質的な分析および作例に基づく内省判断をデータとして、接続詞用法における「まあ」の意味と連文の成立条件を明らかにする。

2.　本稿のデータ

「まあ」に関する先行研究は作例ないし音声言語を主なデータとし、文字言語にはあまり目を向けてこなかった。しかし「まあ」は、ブログ、エッセイ、小説等の比較的くだけた文体の文字言語にもよく現れ、(3) (4) のように接続詞的に解釈できる用例も少なくない。

そこで本稿は、『現代日本語書き言葉均衡コーパス　中納言版』(BCCWJ。中納言バージョン 2.4.5。データバージョン 2021.03) を用いて、次の手順で「まあ」の用例を抽出した。

まず「まあ」「ま」「まぁ」「まー」「ま〜」等の表記を区別せず、同義語とみなした上で、中納言の短単位モードで語彙素「まあ」および「まー」を検索した。ただし、国会会議録は音声言語的性格が強いと考え、検索範囲から除いている。

次に、用例をランダムに並べ替え、目視によって、誤解析 (「いただきまーす」等) と分析対象としない以下の3用法の用例を取り除いた上で、並び順の合計 1000 例を収集した。

第1に、「そこそこ」「それなりに」で言い換えられる程度副詞「まあまあ」。

---

1) 第4節に示した接続詞的用法 311 例のうち 79 例 (約 25.4%) が逆接と併用されたものであった。

第2に、驚き、感嘆等の気持ちで発せられ、「あら」で言い換えられる感動詞「まあ」。

第3に、主張を強調し、「もう」等で言い換えられる副詞「まあ」(大工原, 2015)。

なお、BCCWJにおいて語彙素「まあ」には「副詞」ないし「感動詞-一般」、「まー」には「感動詞-フィラー」という品詞タグがあらかじめ付されているが、誤解析と思われる場合が多く、また本稿とは理論的枠組みも異なるため、あくまで参考程度にとどめ、第4節において本稿の立場から「まあ」の用法を分類し直している。

さらに、連文の成立条件を探るために、作例に基づく内省判断をデータとして併用する。

3. 「まあ」の接続詞的用法に関する先行研究

「まあ」の接続詞的な性質に言及した先行研究はあまり多くない。

森山 (1989, 73) は、副詞「まあ」が、「談話展開上、以前の話題なり思考なりの終了のサイン」として「内容展開」を「方向づけ」る働きをする場合があるとしている。また、川上 (1994, 73) は、「ある一定の話題を話しているとき、途中で別の話線に切り替わることがある。その転換部の前に「まあ」が注釈的に挿入される」場合があるとし、これを「転換予告表示タイプ」と呼んでいる。しかし、いずれの研究も概略的な指摘のレベルに留まり、接続詞的な「まあ」の意味や連文の成立条件に関する詳細な分析にまでは至っていない。

一方、「まあ」の接続詞的用法の性質を捉えるための手がかりとして、本稿が注目したいのは、大工原 (2010) である。大工原 (2010) は、「まあ」の働きは、言語行為に対して「内心のわだかまり」[2]を「但し書き」することだとし、その用法を2種に分けている。

まず、「まあ」が接続助詞「け (れ) ど (も)」ないし「が」と呼応して従属節Bを形成し、主節Aに対して、留保、譲歩、例外等を但し書きする用法を「明示的但し書き」と呼ぶ。

(5) まあ、投手陣に若干の不安はありますけど、今年の巨人は強いですよ。

(大工原 , 2010, 140)

(6) 今年の巨人は強いですよ。まあ、投手陣に若干の不安はありますけど。

(大工原 , 2010, 139)

但し書きに相当するマアBケド節は、上の (5)「マアBケド、A。」のように主節Aに対して

---

2)「内心に＜わだかまり＞があるとは、言語行為「X」を行う際に、それに対応する思い「x」と同時に、それに相反する思い「￢ x」を抱えた状態 (大工原 , 2015, 99-100)」であると定義される。

前置される場合と (6)「A。マアBケド。」のように後置される場合があり、後者において「まあ」は「もっとも」「ただし」等で言い換えられ、「接続詞に近い」(p.138)という。

　次に大工原 (2010) は、「まあ」のいわゆる副詞的用法を「非明示的但し書き」と呼ぶ。これは、明示的但し書き「マアBケド、A。」における「Bケド」の部分が非明示化されたものとされ、原則的に「マア、A」という形で要素Aを副詞的に修飾し、言語行為に対する内心のわだかまり「Bケド」を暗示する。暗示Bの内容は、文脈や常識に即して語用論的に解釈され、たとえば「まあ、^A今年の巨人は強いですよ」における暗示は、「^B不安要素がないわけではないけど」(≒概ね、一応)のように語用論的に解釈される [3]。

　以上の仮説によって、大工原 (2010) は、単文・複文レベルにおける「まあ」の多義性と生起条件を幅広く、統一的に説明している。しかし、大工原 (2010) が「接続詞に近い」として取り上げた例は、(6) のような「A。マアBケド。」という構造のもの (複文レベル) に限られ、(3)(4) のように「まあ」が接続助詞ケド・ガと呼応せずに文間に生起し、文脈の流れを転じる連文レベルの接続詞的用法の存在は見落とされ、分析されていない。

　そこで本稿は以下、連文レベルにおける「まあ」の接続詞的用法の性質 (意味と成立条件) を分析し、大工原 (2010) における「まあ」の用法体系の中に位置付けることを目指す。

4.「まあ」の接続詞的用法の意味についての分析

　本稿は、大工原 (2010) の説を参考に、「まあ」の用法を明示的但し書き、副詞的用法、接続詞的用法に3分した次頁の〈表1〉の理論的枠組みを設定し、1,000 の用例を分類した。

　用例の分類は、まず「けど」や「が」を伴う従属節を形成する明示的但し書きかどうかという形式的な判定を優先的に行い、それに該当しない例について、前後の文脈の内容とパラフレーズの自然さを基準に副詞的用法か接続詞的用法かを判定した。その際、どちらにも解釈可能なものは「曖昧」とし、いずれにも分類が難しかった用例を「その他」とした。

　なお、コーディングが筆者一人によるため、内訳の数値が信頼性を欠くとの批判があり得る。しかし以下の用例の分析において、これら数値は論証自体に関わるものではない。母集

3) 非明示的な但し書きの内容は、あくまでも語用論的な解釈によるため、必ずしも1つの「正解」が特定できるわけではない。ここで示した「不安要素がないわけではないけど」は、この文脈において蓋然性の高い解釈だが、他にもたとえば「去年より戦力は落ちたけど」、「ケガ人が心配だけど」などさまざまな解釈の可能性がある。また、「聞き手は「まあ」によって暗示される話し手の内心のわだかまりの具体的内容をいちいち推論して補充したりせず、「何か但し書きになるようなわだかまりがあるらしい」といった程度のラフ理解で済ます場合も少なくない (大工原 , 2010, 141)」と考えられる。

団における出現頻度の統計的に有意なレベルでの推定は今後の課題とし、ここでは文字言語において接続詞的用法が珍しくないことを大まかに示す程度の参考値として理解されたい。

<表1> 用法分類の基準と内訳

「まあ」の用法	分類基準	用例数 (割合)
明示的但し書き	「まあ」が接続助詞「け(れ)ど(も)」ないし「が」と呼応して「マア〜ケド／ガ」という従属節を形成するもの。従属節前置型と従属節後置型の両方を含む。	275 (27.5%)
副詞的用法	「大体」「概ね」「おそらく」「とりあえず」「一応」「いわば」等の副詞で大まかに言い換えられるもの。	372 (37.2%)
接続詞的用法	「もっとも」「でも」「ともあれ」等、文脈の流れを予測と異なる方向に転換する接続詞で言い換えられ、省略しにくいもの。または、「しかし」「でも」等の逆接と併用されたもの。	311 (31.1%)
曖昧	複数の用法にわたって解釈可能で1つに決めがたいもの。	38 (3.8%)
その他	いずれの用法としても解釈しにくく、分類不能なもの。	4 (0.4%)

さて前述のように、接続詞的用法の「まあ」は、接続詞「でも」や「もっとも」に近い意味によって前後の文を関係づける働きをしていると考えられる。では、その意味・働きとは厳密にはどのようなものであり、他の用法 (明示的但し書き・副詞的用法) とどのような関係にあり、「でも」や「もっとも」等の他の接続詞とどのように異なるのだろうか。

4.1 接続詞的用法は明示的但し書きの一種か？

一見したところ、連文レベルの接続詞的用法は、明示的但し書きの後置型「A。マアBケド。」における接続助詞「ケド」が省略された変種であるかのようにも思える。たとえば (3) は「A麺棒は他のもので代用できる。もっとも、B家が狭くなければ買ったほうがいい (けど)。」のように、「まあ」を接続詞「もっとも」や「ただし」で言い換えることができ、先行文Aに対して後続文Bを但し書きしていると解釈できそうである。

しかし、接続詞的な「まあ」の中には、次の (7) (8) のように接続詞「もっとも」や「ただし」での言い換えがそれほど自然ではない例も散見される。

(7) 帰りの車で、『何が一番楽しかった？』と、息子に聞いたら、『キッズスペース。』だそうな。割と大型のお子様用お遊びスペースがあって、そこで遊んだのが一番楽

しかったらしい。だったら、『水族館に来る必要なかったじゃん。』と、両親とも思いましたです。まあ、楽しかったから良いか。

（OY05_02367, 4730, Yahoo! ブログ）

(8) 何か気持ち的にさあ…ちょっとテンション下がっちゃうなあ…はあ…まあ明日も頑張るかあ…

（OY14_53271, 3030, Yahoo! ブログ）

(7)(8)の「まあ」は、接続詞「でも」ないし「ともあれ」に近い意味合いで文脈を転換しており、かつ省略しにくいことから、接続詞的用法の要件を満たす。その一方、「もっとも」や「ただし」では言い換えにくく、形式面でも文末に終助詞「か」を伴う点が異なる。

また、「A。マアBケド。」における接続助詞ケドが常に省略可能というわけではない。たとえば、ケドを伴う次の(9)は自然だが、ケドを伴わない(10)はあまり自然ではない[4]。

(9)　　このケーキは高い。まあ、うまいけど。

(10) ?? このケーキは高い。まあ、うまい。

以上のように、接続詞的用法を明示的但し書き「A。マアBケド。」の変種とする解釈は、接続詞的「まあ」の意味と連文の成立条件のいずれについても十分には説明できない。

4.2　接続詞的用法は意味的に非明示的但し書きの一種である

一方、本稿が採用したいのは、連文レベルの接続詞的用法の意味を非明示的但し書きの一種として捉える次の見方である。すなわち、接続詞的用法は、「B。マア（タシカニBケド）、A。」のように、「まあ」が先行文の内容を認めつつ切り返す「確かにBけど」という譲歩節を暗示し、それによって前後の文を関係づけるという仮説である。たとえば(3)は「B麺棒は他のものでも代用できる。まあ（確かに代用できるけど）、A家が狭くなければ買ったほうがいい)」、(7)は「B『水族館に来る必要なかった』と思った。まあ（確かに来る必要なかったけど）、A楽しかったから良いか」、(8)は「Bテンション下がっちゃうな。まあ（確かに下がっちゃうけど)、

---

4) これに対して、接続詞「ただし」や「もっとも」では、「このケーキは高い。ただし／もっとも、うまい。」のように後続文にケドを伴わずとも接続が可能である。つまり、後続文において但し書きを加えるこれらの接続詞と接続詞的「まあ」は生起しうる環境が異なり、単純に同一視することはできない。

A明日も頑張るか」のように解釈できる ⁵⁾。

　つまり、副詞的用法と接続詞的用法はともに非明示的但し書きの下位類である。副詞的用法「マア、A」は、「一概には言えないけど（≒概ね）」「断定はできないけど（≒おそらく）」「十分とは言えないけど（≒一応）」等、先行文脈において言語化されていない内心のわだかまりを暗示することでAを連用修飾する。一方、接続詞的用法「B。マア、A。」は、内心のわだかまりとして先行文脈Bの内容を引き継ぎつつも、それを「けど」で切り返す「確かにBけど」という暗示を行うことで、先行文脈Bと後続文Aを関係づける ⁶⁾。

4.3　意味的説明の限界：連文の成立条件

　以上の解釈によって、「まあ」が前後の文を接続する原理と用法体系における位置付けを明確にできる。その一方、この仮説だけでは、「まあ」がどのような文を接続できるのかという連文の成立条件については十分に説明できない。たとえば、上の (10)「??このケーキは高い。まあ、うまい」が不自然なのに対して、次の (11) ～ (13) が自然なのはなぜだろうか。

　　(11) このケーキは高い。まあ、あのケーキよりは安い。

　　(12) このケーキは高い。まあ、うまいからいいか。

　　(13) このケーキは高い。まあ、そんなことはどうでもいい。

　また、もう１つ関連した問題として、前述のように「まあ」は、文間で「でも」や「しかし」等の逆接と併用される場合が少なくない。このような逆接との併用においては、次の (14)(15) のように、「まあ」単独では不自然だった「高い」と「うまい」の接続が自然になる（本稿は「まあでも」と「でもまあ」という順序の違いについてはひとまず考えない）。

　　(14) このケーキは高い。まあでも、うまい。

　　(15) このケーキは高い。でもまあ、うまい。

---

5) 厳密に言えば、「まあ」の接続詞的用法における暗示は「何らかの形での先行文脈への言及＋ケド／ガ」という形式とすべきだが、ここではわかりやすさを優先して、「確かにBけど」という表現に統一しておく。

6) 混乱を避けるために、大工原 (2010) における「明示的／非明示的」の定義を再度述べておくと、「明示的但し書き」とは「まあ」がBケド／ガ節に係って、「マアBケド／ガ」という従属節を形成する用法であり、「非明示的但し書き」とは「まあ」が主節Aに係る用法である。接続詞的用法の「B。マア、A。」という構造における「まあ」は後者であり、非明示的但し書きの下位類に分類される。

　興味深いのは、次の (16) (17) のように後続文を「まずい」に変えると、逆接「でも」等と併用した場合でも、連文としてあまり自然ではないことである。

　　　(16) ?? このケーキは高い。<u>まあでも</u>、まずい。
　　　(17) ?? このケーキは高い。<u>でもまあ</u>、まずい。

　逆接「でも」単独の場合、「このケーキは高い。<u>でも</u>、うまい／まずい」はどちらも自然だが、なぜ「まあ」と併用された場合には連文としての自然さに違いが生じるのだろうか。

　以上のような連文レベルにおける接続詞的な「まあ」の生起の自然さ／不自然さに関する問題は、「B。マア（タシカニBケド）、A」という意味構造によって前後の文を関係づけるという意味的な解釈だけでは説明がつかない。

　そこで次節では、＜表1＞で示した接続詞的用法の「まあ」311例における文連接（前後の文脈の内容と関係）を分析し、接続詞的用法の成立条件を明らかにする。

5. 「まあ」の接続詞的用法の成立条件についての分析

　結論を先取りして示せば、本稿は、「まあ」の接続詞的用法の成立条件は、次の＜表2＞に示した4タイプの文連接のいずれかに当てはまることだと考える。

＜表2＞　「まあ」の接続詞的用法における文連接のタイプ

タイプ	典型	特徴
I	Bは真だ。まあ、Aも真だ。	BとAの両立に部分的な矛盾がある。
II	Bだ。まあ、いいか。	Bからの予測に反し、事態を受容する。
III	Bだ。まあ、その話は置いておく。	Bにおける話題を一旦切り上げる。
IV	Bだ。まあでも、Aだ。	Bにおける価値判断をAが覆す。

　タイプI〜IIIは、文の連接関係の類型（市川, 1978）に大まかに対応づけることができ、タイプIの「まあ」は補足型の「もっとも」や「ただし」で、タイプIIは逆接型の「でも」や「といっても」で、タイプIIIは転換型の「ともあれ」や「それはそれとして」で、それぞれ大まかに言い換えられる。またタイプIVは前掲 (4) (14) (15) のように「まあ」が「でも」や「しかし」等の逆接型と併用された場合を指す。

　ただし、これら4タイプは連続的であり、必ずしも截然と切り分けられるわけではない。

たとえば、「B。まあでも、Aも真だからその話はいいか。」のようにタイプが複合するケースもある。しかし、こうした曖昧さや重複に理論的な矛盾があるわけではない。つまり、4タイプのうち少なくとも1つとして解釈可能であることが接続詞的用法の成立条件だというのが本稿の主張である。以下、各タイプの特徴について具体例を挙げて論じる。

5.1　タイプ I ：部分的矛盾の言い添え「B は真だ。まあ、A も真だ。」

接続詞的な「まあ」による文連接の第1のタイプは、次の (18) のように、先行文Bに対して、部分的に矛盾する内容の後続文Aを言い添えるものである。

(18) ^Bこのケーキは高い。<u>まあ</u>、^Aあのケーキよりは安い。

(18) では、「??高い∧安い」という本来両立しがたい矛盾した主張が「あのケーキよりは」という限定 (条件) が加わることで両立している。これを仮に部分的矛盾と呼ぶことにする。前出の (3)「^B麺棒は不要だ。<u>まあ</u>、^A家が狭くなければ買ったほうがいい」はタイプ I に該当する。

また次の (19) は、テレビのレポーターがわざわざ危ない場所に赴いて、「危険ですから海や河川に近づかないように」と中継するのはおかしいのではないかという意見への返答で、「^B視聴者に状況を伝えるために相応の危険を犯すべきだ。<u>まあ</u>、^Aオレは危ない事はしたくない」のように「オレは」という限定付きで方向性の異なる主張を言い添えている。

(19) レポーターには、その場の状況などを視聴者に伝える義務があるでしょ。〈中略〉ただ単に撮影だけで、レポーターがそれを棒読みだなんて、そんなの何も伝わらないよね。<u>まぁ</u>オレは危ない事はしたくないね

（OC01_01255, 1680, Yahoo! 知恵袋 ）

さらに次の (20) は、コンピュータとしてMacとWindowsを比べてどうかという質問への返答で、内容的に「^BMacのほうがよい。<u>まあ</u>、^A用途によってはWindowsのほうがよい」のように要約でき、これも部分的な矛盾の一種だと解釈できよう。

(20) Mac を使って初めのうちは、「え！？これでほんとにいいの！！」・・・という感じです。何をするにつけても、Win が 3 かかるところ、Mac は 1 で済むみたいな。まあ、一長一短ありますから、用途に合わせて使い分けてます。

(OC02_07445, 1050, Yahoo! 知恵袋)

　以上のように、部分的矛盾を言い添える際に「まあ」が接続詞的に働くということは、裏を返せば、BとAの両立に矛盾がない場合、「まあ」は接続詞的には用いられないということである。たとえば次の (21) (22) は、「高い∧うまい」、「昼は晴れていた∧夜から雨が降り出した」という両立に矛盾がないため、「まあ」では接続できないと説明できる。

(21) ?? ^Bこのケーキは高い。まあ、^A うまい。
(22) ?? ^B昼は晴れていた。まあ、^A 夜から雨が降り出した。

　また、BとAの矛盾はあくまで部分的なものでなければならない。たとえば単に矛盾した主張を並べただけの (23) は自然ではないが、Aを部分化した (24) は許容度が増す。

(23) ??^B 今日のピッチングには満足です。まあ、^A 不満があります。
(24) 　^B 今日のピッチングには満足です。まあ、^A 多少は不満があります。

　なお前述のように、タイプ I の「まあ」は多くの場合、補足型の「もっとも」や「ただし」で言い換えることができる。だが、その逆は必ずしも成立せず、両者の性質が全く同じというわけではない。たとえば次の (25) の「もっとも」は「まあ」では置き換えにくい。

(25) イギリスはおそらく商売 (貿易) で富を作った唯一の国であろう。もっとも、リヴァプールやブリストルを建設した奴隷貿易のように、多くは不当な貿易であった。　　　　　(LBa2_00018, 90980,『探検家リチャード・バートン』)

　(25) の「もっとも」が「まあ」で置き換えにくいのは、「イギリスは貿易で富を作った∧その多くは不当な貿易であった」という両立に特に矛盾がないためだと説明できる。

5.2　タイプⅡ：流れに反する受容「Bだ。まあ、いいか。」

　連文レベルにおける「まあ」による文連接の第2のタイプは、次の (26) のように、先行文脈Bで述べられた受け入れがたい事態や驚くべき事態について、後続文Aにおいて「いいか／当然だ／無理もない／仕方がない」等と受け入れを表明するものである。

　　　(26) ^Bこのケーキは高い。まあ、^Aうまいから当然だ。

　前述の (7)「^Bわざわざ水族館に来る必要はなかった。まあ、^A楽しかったから良いか。」はこのタイプに当たる。同様に次の (27) では、不要なDVDを衝動買いしてしまったことについて「^B最近は、欲求に負けてしまう」と自嘲しつつ、「まあ」を介して、それを「^Aささやかなご褒美」として受け入れる姿勢に転じている。

　　　(27) 先日のルーヴル美術館といい、どうも最近は、欲求に負けてしまうような気がいたしまする。。。まあ、普段の生活を切り詰めているので、ささやかなご褒美ということで、自分に甘くしておきますか・・・。

　　　　　　　　　　　　　　　　　　　　　　　（OY04_08142, 1470, Yahoo! ブログ）

　前節のタイプⅠは、先行文Bと後続文Aの両立に部分的な矛盾があったのに対し、タイプⅡの場合、たとえば (26)「^B高い。∧^Aうまいから当然だ」という両立に論理的矛盾はない。タイプⅡはむしろ、「^Bケーキが高い→不満に思う」、「^Bわざわざ水族館に来る必要がなかった→落胆する」、「^B欲求に負け気味だ→後悔する」といった予測（自然な文脈の流れ）に反した事態の受け入れ（まあ、^Aいいか／しょうがない）を行うもので、意味的に逆接条件に近い。特に後続文Aの文末が「か」や「だろう」といった判定、推量等に関わる表現の場合、逆接型「でも」や「といっても」での言い換えが自然になりやすい。

　一方、こうした典型的な逆接型の接続詞と「まあ」を比べた場合、ニュアンスに違いが見られる。たとえば、「このケーキは高い。でも、うまいから当然だ」のような逆接では、主張の重点は後続文「うまいから当然だ」に置かれ、書き手は「ケーキが高い」ことに納得し、受け入れているように解釈される。それに対し「このケーキは高い。まあ、うまいから当然だ」では、書き手は「ケーキが高い」ことへのこだわりを残しつつ、しぶしぶ受け入れているように解釈される。つまり、「でも」や「しかし」などの逆接と比べた場合、「B。まあ、A。」

は相対的に転換前の先行文脈Bに重きが置かれる点に特徴がある。

　同様に、たとえば次の (28) は、まず米国と比較して日本社会のせせこましさを批判した後、「まあ」を介して「仕方がない」と一旦受け入れに転じるが、再度「しかし」によってせせこましさ批判に戻っている。つまり「B。まあA。しかしB'」という文章構造で、主眼はBに置かれ、Aはあくまで一時的な譲歩にすぎない。

　　(28) 日本では、空間と時間に関する観念が、特にアメリカとは違います。まあ、空間
　　　　感覚の違いは仕方がない。土地が狭い日本ではある程度狭いところに住まざるを
　　　　得ないので、これを全く直せとはいえない。しかし、ほとんど同じような大きさ
　　　　の家に住んでいるヨーロッパ人からさえ「うさぎ小屋に住む日本人」といわれる
　　　　実感があったことは事実です。

　　　　　　　　　　　　　　　　　　　　　　　　（PB13_00533, 38780,『進むべき道』）

　仮に (28) の「まあ」を典型的な逆説型の「だが」等に置き替えた場合、主張B、Aの軽重のメリハリがつかず、文章の主旨が理解しにくくなるように思われる。

　このように典型的な逆接による文脈転換と比べた場合、相対的に先行文脈Bが重く扱われるという特性は、接続詞的用法による暗示が「確かにBけど」のように「けど」による転換と同時にBを認める姿勢を表すことによると解釈できる。

5.3　タイプⅢ：話題の棚上げ「Bだ。まあ、その話は置いておく」

　第3のタイプは次の (29) のように、先行文脈Bにおける話題を「Aそれは置いておく／後で考えよう／ともかくとして」などとひとまず棚上げし、話題を転換するものである。

　　(29) Bこのケーキは高い。まあ、A今は値段をとやかく言っている場合じゃないな。

　次の (30) では誰が「犯人か」という先行文脈における議論を一旦打ち切る際に、また (31) では悩みの打ち明けをひとまず先送りする際に、それぞれ「まあ」が現れている。

(30)「すると佐世子さんが犯人か」「そうとも限らない。犯人はどこかの部屋に飛び込み、佐世子をやりすごして出てきたかもしれない。<u>まあ</u>、犯人については後回しだ」

　　　　　　　　　　　　　　　　　　（LBp9_00037, 37670,『殉教カテリナ車輪』）

(31)「おれ、正直なところ、今、ちょっと悩んでるんだ」「どんなことで？」「いろいろあるんだよ。<u>まあ</u>、そのことはゆっくり後で話す。今夜は時間はいいのかい」「二時間だけもらったの」と、織江は言った。

　　　　　　　　　　　　　　　　　　　　　　（OB1X_00073, 23810,『青春の門』）

　(30)(31) のように、タイプⅢは、先行文脈における話題Bを「今」は取り下げつつも、「後」で再び取り上げる可能性のあるものとしている点で、Bにこだわりが残っていることがわかる。同様に、前出の (8)「ᴮテンション下がっちゃうなぁ。<u>まあ</u>、ᴬ明日もがんばるか」も、後続文Aにおいて「明日もがんばる」と気持ち (話) を切り替えつつも、先行文脈Bにおける気分の落ち込みをそれなりに引きずっている印象が残る。

　このように先行文脈Bにおける話題を後続文Aによって棚上げするタイプⅢの働きは、話題というメタ・レベルにおける転換であり、前後の文の内容レベルでのつながりに関わる但し書きや逆接条件とは異なる。それゆえタイプⅢには、補足型「もっとも」や逆接型「でも」での言い換えがあまり自然ではない次の (32) のような例も含まれる。

(32)「ふーん。おかあさんはひとりで弾くのがすきなんだ」「伴奏は伴奏だからね。演奏とはちがうのよ。<u>まあいいから</u>、はやく朝ごはん食べなさい」

　　　　　　　　　　　　　　　　　　（LBqn_00021, 25090,『もうひとつのピアノ』）

　(32) では、母の音楽へのこだわりに関する話題を切り上げる際に、転換型「ともあれ」や「それはそれとして」に近い意味合いで「まあ」が用いられており、省略すると話題転換が性急に感じられる。また前述のように、「まあ」には「けど」による転換と同時に先行文脈Bの内容を「確かにBだ」と認める態度が暗示されており、典型的な転換型である「ともあれ」等と比較した場合、相対的に話題Bに名残を残したゆるやかな転換となる。

5.4　タイプⅣ：価値判断の転換「Bだ。まあでも、Aだ。」

　第4のタイプは、次の (33)(34) のように「まあ」が「(それ) でも」「け (れ) ど (も)」「しかし」

「だが」等の逆接型の接続表現と併用されたものである。

    (33) ^Bこのケーキは高い。<u>まあでも</u>、^Aうまい。

    (34) ^Bこのケーキは高い。<u>でもまあ</u>、^Aうまい。

  タイプⅣは、タイプⅠ～Ⅲと複合する場合が多い (たとえば「Bだ。<u>まあでも</u>、いいか」はタイプⅡとの複合) が、上の (33)(34) のような「高い」と「うまい」の接続は、他のタイプでは説明がつかないことから、これを第4のタイプとして独立させておく。

  まず、次の (35)(36) を分析し、逆接型と「まあ」の併用によって、どのような表現効果が生じているのかについて考えてみよう。

    (35) 朝・・・顔を洗う水道水が・・・うそだろ・・・生ぬるい・・<u>まあ</u>・・<u>それでも</u>
        日中より涼しいのは間違いない　　　　　(OY14_13115, 160, Yahoo! ブログ)

    (36) ライト・フライに倒れて、ツー・アウト。応援席から悲鳴のような叫び声があがる。スポーツというのは、やる者も、見る者も、楽しいんじゃなかったっけ、と不思議な気がしてくるのである。そんなに悲しいならやらなきゃいいじゃないの。<u>しかしまあ</u>、応援している母校が試合に負けそうで、思わず泣けてくるというのは、わからないことではない。　　　　　(LBn9_00108, 8750,『ピンポン接待術』)

  (35) は仮に「まあ」がなければ、「^A日中より涼しい」という後続文脈に重点が移るのに対し、「まあ」と併用された場合は、書き手が依然^B暑くて嫌だという思いを吹っ切れていないことが示唆される。実際この文章は最後に再び「^B暑いけど・・」の一言で締め括られている。同様に (36) も、スポーツに涙が伴うことへの評価が「^B不思議」から「^Aわからないことではない」に転換しつつも、その涙が依然として不可解であり続けていることが「まあ」によって匂わされており、実際この文章は直後に「^B変なのは、当事者のスポーツマンが泣くことである」と再度転換し、球場の土を集める「涙のセレモニー」に対する疑問が呈されている。

  このようにタイプⅣでは、「まあ」の暗示する「確かにBけど」という先行文脈Bを認める姿勢が逆接型に加わることで、逆接型単独での使用に比べ、相対的にBが重く扱われる表現効果が生じている。前掲の (4)「^B若者はテレビや雑誌を捨てて現場に出るべきだ。<u>まあしかし</u>^A人それぞれだ (から無理強いはできない)。」も同様で、「まあ」に続くAはあくまで一時

的譲歩にすぎず、書き手の主眼はBにあり、実際この文章はこの後再び「^Bみんな、もっと世の中の現場で働けばいいんです」という方向に切り替わる。

では次に、(37) (38) を基に「まあ」と逆接の併用が可能になる条件について考察しよう。

  (37) ^Bこのケーキは高い。<u>まあでも</u>、^Aうまい。

  (38) ??^Bこのケーキは高い。<u>まあでも</u>、^Aまずい。

両者の違いは、(37) が否定的評価（[−]高い）から肯定的評価（⁺うまい）への転換を含むのに対し、(38) は否定的評価の並列だという点にある。同様に「⁺安い（から良い）。<u>まあでも</u>、[−]まずい」という肯定的評価から否定的評価への転換は成立するが、「??⁺安い（から良い）。<u>まあでも</u>、⁺うまい」というプラスの並列は成立しない。一方、「⁺高級感がある。<u>まあでも</u>、[−]まずい」や「[−]安っぽい（から嫌だ）。<u>まあでも</u>、⁺うまい」は成立する。

以上から、「まあ」と逆接型が併用されるのは前後において価値判断の方向性が転じる場合だと考えられる。この成立条件はタイプ I の条件（部分的矛盾）と同じではない。「高い∧うまい」という両立は矛盾しないが、価値判断の方向性において異なる。逆に言えば、この種の転換では「??高い。<u>まあ</u>、うまい」のように「まあ」単独での接続詞的使用はできず、逆接型との併用が必要になる。

6.　残りの用例 (曖昧、その他) について

最後に、分類が困難だった残りの用例 (曖昧、その他) についても触れておきたい。

まず、「曖昧」とは複数の用法に解釈が可能な境界例を指す。たとえば次の (39) は捉え方次第で、副詞的用法とも接続詞的用法とも解釈でき、1 つに決めがたい。

(39) (燃油サーチャージとは何か、「腑に落ちない」という質問への返答)
  各航空会社が当初の設定した価格以上に燃油の値段の高い一定期間、その分を消費者に負担してもらう制度。航空会社の経営努力でも補えないため、一定期間に限り認められる。航空各社にとって対応が分かれる。<u>まあ</u>、原油高騰が収まればもとにもどります。
               (OC05_00878, 1820, Yahoo! 知恵袋)

まず明示的に言語化されていない書き手の内心のわだかまりを「まあ」が暗示すると捉え

れば、「まあ (一概には言えないけど)、原油高騰が収まればもとにもどる」(≒概ね／おそらく) のように副詞的に解釈できる。一方、「まあ」が先行文脈の内容を引き継ぎつつ切り返す暗示を行うと捉えれば「まあ (確かに臨時的に課金が認められているけど)、原油高騰が収まればもとにもどる」(≒もっとも／とはいえ) のような接続詞的用法にも解釈できる。

しかし、こうした曖昧な例はあくまで書き手の真意が特定しにくいということにすぎず、本稿の理論的枠組み自体の矛盾を示すわけではない。

一方、理論的に問題になり得るとすれば、次の (40) のように、3 用法のいずれの解釈にもうまく適合しないように思われた残り 4 例 (0.4%) の「その他」の存在である。

(40) 今日は、フェネックの親の可愛い所だけ＾＾可愛い写真で行きます。まあ、昨日、ちょっと野性味溢れるもんでしたので、今日は、可愛いだけじゃだめかしら！！

(OY05_06021, 250, Yahoo! ブログ)

消去法的に蓋然性が高そうなのは、「まあ」が「一概には言えないけど」(≒概ね) のような内心を暗示している (副詞的用法) という解釈だが、定かではない。また、必ずしも推敲を経ていないブログという性質上、誤用の可能性も捨てきれない。本稿ではひとまず、こうした「その他」の用例の解釈については判断を保留し、音声言語における「まあ」の用例の分析、および、フィラー的用法の「まあ」に関する考察も含めて、今後の課題としたい。

7. おわりに

本稿では、BCCWJから抽出した 1,000 の用例の分析および作例による内省判断に基づき、「まあ」の接続詞的用法の意味と成立条件について、次の 2 点を明らかにした。

第 1 に、「まあ」の接続詞的用法は、意味的に副詞的用法と連続し、「B。マア (タシカニ Bケド)、A。」という意味構造で、前後の文を関係づける。

第 2 に、「まあ」が接続詞的に働く文連接は、I 部分的矛盾の言い添え、II 流れに反する受容、III 話題の棚上げ、IV 価値判断の転換の 4 タイプに分けられる。

以上の成果は、従来ほとんど見過ごされてきた連文レベルにおける「まあ」の用法を明らかにしたという点で、日本語教育等への応用に資するものだと考える。また、以上で明らかにした文字言語における用法体系と比較することで、音声言語における「まあ」の特徴についても、より明確にできることが期待される。今後の課題としたい。

謝辞

　本稿は、日本学術振興会基盤研究 (S) 20H05630「非流暢な発話パターンに関する学際的・実証的研究」(研究代表者：定延利之)の研究成果である。

参考文献

市川孝 (1978).『国語教育のための文章論概説』教育出版.

川上恭子 (1993).「談話における「まあ」の用法と機能 (一) ―応答型用法の分類―」『園田国文』14, 69-78. 園田学園女子大学.

川上恭子 (1994).「談話における「まあ」の用法と機能 (二) ―展開型用法の分類―」『園田国文』15, 69-79. 園田学園女子大学.

川田拓也 (2010).『日本語フィラーの音声形式とその特徴について―聞き手とのインタラクションの程度を指標として―』(京都大学大学院文学研究科博士論文) [https://repository.kulib.kyoto-u.ac.jp/dspace/handle/2433/120939](2022年10月6日検索).

小出慶一 (2009).「現代日本語の意味・用法の広がりに関する記述的研究―多機能化、フィラー、フィラー化―」『日本アジア研究：埼玉大学大学院文化科学研究科博士後期課程紀要』6, 1-37. 埼玉大学大学院文化科学研究科.

大工原勇人 (2010).『日本語教育におけるフィラーの指導のための基礎的研究―フィラーの定義と個々の形式の使い分けについて―』(神戸大学大学院国際文化学研究科博士論文)[https://da.lib.kobe-u.ac.jp/da/kernel/D1004831/] (2022年10月6日検索).

大工原勇人 (2015).「「まあ」の強調的用法の生起条件」友定賢治 (編),『感動詞の言語学』97-113. ひつじ書房.

冨樫純一 (2002).「談話標識「まあ」について」『筑波日本語研究』7, 15-31. 筑波大学大学院博士課程人文社会系日本語学研究室.

馬場俊臣 (2006).『日本語の文連接表現―指示・接続・反復―』おうふう.

森山卓郎 (1989).「応答と談話管理システム」『阪大日本語研究』1, 63-88. 大阪大学文学部日本学科 (言語系).

山内博之 (2009).『プロフィシェンシーから見た日本語教育文法』ひつじ書房.

自然会話におけるフィラー使用の男女差

―大学生の使用実態を中心に―

王 凱男 (岡山大学大学院生)

要旨

フィラーの使用には男女差があることが指摘されているが、どのような男女差があるのかについては不明な点が多い。また、聞き手の性別が話し手のフィラーの使用に影響を与えるかどうかについても解明されていない。本稿は以上の問題を解決するために、コーパスを利用し、話し手と聞き手の性別を考慮した調査を行った。その結果、(1) フィラー全体を見ると、男性は女性より多くフィラーを使用する。 (2) ナンカ類は男女差にかかわらずほぼ同じ頻度で用いられる。マー類は男性によって多く用いられる。 (3) 男女のフィラー全体の使用頻度に、聞き手が同性か異性という違いは関わらない。上記の結果から、性別がフィラーの使用に影響することが示唆された。

キーワード：フィラー、聞き手の性差、話し手の性差、性役割期待、フィラーの役割

Gender Differences in the Use of Fillers in Japanese Natural Conversation

Focusing on the actual usage of university students

Kainan Wang (Okayama University Graduate Student)

Abstract

Although it has been pointed out that there are differences between men and women in the use of fillers, it is still not clear what kind of gender differences exist. In addition, it is also inconclusive whether the gender of a listener has an effect on the speaker's frequency of utterance of fillers. Therefore, it is concluded as following by this study through using a corpus to investigate the above issues: (1) On the whole, men use fillers more frequently than women. (2) The frequency of men and women using "nanka" was almost the same.

Men have a tendency to use "maa" frequently. (3) The frequency of men and women using fillers was almost constant regardless of whether the listener was of the same or opposite gender. Based on the aforementioned results, it has been suggested that gender has an impact on the utilization of fillers.

Key words: fillers , listener's gender , speaker's gender , gender-role expectations , filler roles

1. はじめに

性差とフィラーの関係を論述した先行研究において、フィラーの使用には男女差があることが明らかになっているが (渡辺・外山, 2017)、どのような男女差があるのかについては統一的見解がない。また、多くの研究は話し手の性別に注目し、フィラーとの関連を検討しているが、聞き手の性別が話し手のフィラーの使用に影響を与えるかどうかについては、まだ解明されていない。

そこで、本稿は『BTSJ日本語自然会話コーパス (トランスクリプト・音声) 2020 年版』[1] (以下、『BTSJコーパス』と呼ぶ) の中の会話を利用し、フィラーと性差の関係を明らかにする。そして、これらの男女差が生じる要因について考察する。

日本語プロフィシェンシーにおいてジェンダーに関する研究をいかに導入すべき等の取り扱いについては、定まった見解がまだないが、男女の話しことばの相違を教室で取り上げ、学習者に把握させることが必要である (小川, 2006)。本稿の結果は学習者のフィラーに対する理解、習得および円滑なコミュニケーション能力の養成に役立つものである。

本稿の構成は次の通りである。まず、2 節ではフィラーと性差の関係を扱った先行研究を概観し、これまで明らかになっていることや問題点を確認する。次に 3 節では、先行研究の問題点を解決するために、性差とフィラーの関係を明らかにする調査を紹介する。4 節では調査結果の要因について考察を行う。最後の 5 節はまとめである。

2. 先行研究

本節では、性差とフィラーの関係を検討した先行研究を概観し、これまでに明らかになっていることを確認したうえで、未解決の問題を指摘し、本研究の目的を述べる。

---

1) 詳細は『BTSJ コーパス』のホームページ< https://ninjal-usamilab.info >を参照のこと。

　れいのるず秋葉 (2001) は、一対一の自然会話におけるフィラーと性差との関連を論じた。「なんか」、「ま」、「あのー」、「やっぱり」の四種類の語彙フィラー[2]の全体を見ると、女性は男性より多くフィラーを使っている。さらに、女性は「なんか」と「あのー」をよく使う傾向、男性は「ま」と「やっぱり」を多く使う傾向があるという。

　渡辺・外山 (2017) では、『英語話し言葉コーパス (COPE)』と『日本語話し言葉コーパス (CSJ)』の中の模擬講演データを使用し、英語と日本語のフィラー全体の使用頻度を比較した。その結果、フィラーの語あたりの頻度を男女別に比較すると、英語では男女間で有意差がなかったのに対し、日本語では、男性の方が有意に高いということが明らかになった。

　両研究において、フィラーの使用には男女差があることが指摘されたものの、調査方法が異なっているために、どのような男女差があるかに対する両研究の結論の差異については、不明な点も多い。また、渡辺・外山 (2017) の研究は模擬講演 (独話) におけるフィラーの分布を示したが、日常会話中のフィラーの使用の特徴に対する考察は課題として残されている。れいのるず秋葉 (2001) の研究は自然会話を分析対象としたが、使用されたデータは 30 年以上前のものである。比較的新しい資料に基づいて、現代の若者の自然会話におけるフィラーの使用実態を調査する必要があると考える。そこで、本稿では、条件を統一して調査を行い、第 3 節において、フィラー全体および各種類のフィラーにおける男女差を再検討する。

　また、両研究はともに話し手の性別に注目し、男女それぞれのフィラーの使用の特徴を検討したものである。話し手の性別はもちろんのこと、それ以外に聞き手の性別も話し手のフィラーの使用に関与していると考えられる。この点について、聞き手の性別も考慮する必要もあるだろう。

　以上を踏まえ、本稿では、話者の社会的属性を考慮に入れた『BTSJコーパス』の自然会話を利用し、年齢や上下関係などの条件を統一したうえで、男性同士ペア、女性同士ペア、男女ペアの具体的な自然会話状況でのフィラーの使用実態と特徴を明らかにし、話し手と聞き手の性別がフィラーの使用にどのような影響を与えるかについて検討する。最後に、得られた男女差について要因の分析を行う。

---

2) れいのるず秋葉 (2001) は、「あの、なんか」などのある程度語彙的な意味を持っているものを「語彙フィラー」、「えー、ンー」などの意味のない音で空白を埋めているものを「音韻フィラー」と呼んでいる。

3. 調査概要

3.1 調査目的

本調査では、現代の若者を対象とし、以下の三つの課題を明らかにする。

(1) 男女ではどちらがフィラーを多く使うか

(2) それぞれの性別でよく使用するフィラーの種類は何か

(3) 聞き手が同性・異性の場合に話し手 (男性／女性) のフィラーの使用にどのような変化があるか

3.2 調査データ

『BTSJコーパス』において、話者の社会的属性が「大学 (院) 生」、話者同士の関係が「同等」、会話のジャンルが「雑談」、話者同士の面識の度合いが「既知 (友人)」、会話者の性別の組み合わせが「男性同士ペア」、「女性同士ペア」、「男女ペア」という条件で検索し、70会話を抽出することができた。男性同士ペアは 20 会話、女性同士ペアは 38 会話、男女ペアは 12 会話である。男女別に人数でみると、男性は 52 人、女性は 88 人、全体として 140人の会話データである。

3.3 調査の流れ

山根 (2002, 49) はフィラーを「それ自身命題内容を持たず、かつ他の発話と狭義の応答関係・接続関係・修飾関係にない、発話の一部分を埋める音声現象」と定義づける。本研究では、山根 (2002) の定義と分類に従って、70 会話に現れたフィラーの種類を表 1 のようにまとめた。本稿の調査では、調査対象 140 人が使用したフィラーの回数を話者ごとに、種類別に分けて記録した。

<表 1 >　フィラーの種類とそこに含まれる書字形

種類	含まれる書字形	種類	含まれる書字形	種類	含まれる書字形
ア類	ア、アー	アノ類	アノ、アノー	コー類	コ、コー
エ類	エ、エー	マー類	マ、マー	ソー類	ソ、ソー
コノ類	コノ、コノー	ナンカ類	ナンカ	エット類	エット
ソノ類	ソノ、ソノー	モー類	モ、モー	ン類	ン、ンー、ンートネ、ウーン、ウーント

3.4 調査結果と分析

3.4.1 男女どちらがフィラーを多く使うか

　本節では、調査目的 (1) について結果を分析する。まず、男性と女性それぞれのフィラーの平均使用回数[3]を計算した。その結果、男性 (0.28) のほうが女性 (0.19) よりフィラーの平均使用回数が多いことがわかった。そして、性別と話し手のフィラーの使用回数の関連を明らかにするために、本調査は負の二項回帰分析[4]を行った。なお、分析には全てSPSSAU.(Version 22.0)[5]を使用した。

　話者ごとの発話文数[6]をオフセット項とし、話者ごとのフィラーの使用回数を従属変数とし、性別[7]を独立変数とした。性別はカテゴリカルデータであり、ダミー変数に変える必要がある。本調査では女性を 0、男性を 1 で置き換えた。表 2 は負の二項回帰分析の結果を示す。

<表 2> 性別とフィラーの使用回数の関連を検証した負の二項回帰分析結果

	係数	標準誤差	p 値
切片	-1.638	0.108	0.000
性別	0.347	0.177	0.050

従属変数 : 話者ごとのフィラーの使用回数 n=140　AIC : 1392.782

　表 2 を見ると、性別の係数は正値 (0.347) で、有意である ($p<0.05$)。女性と比較すると、男性のフィラーの平均使用回数が 1.415 倍 (= exp (0.347)) ほど多い。表 2 の結果から、女性より男性のフィラーの使用回数が多いことがわかる。

---

3) 発話者ごとにフィラーの総数を発話文数で割り、群ごとに平均値を取れば、男性と女性それぞれのフィラーの平均使用回数 (1 発話文あたり) がわかる。本稿における「平均使用回数」は全て同じ方法で割り出されたものである。

4) フィラーの使用回数というカウントデータに対して、基本的な分析モデルはポアソン回帰モデルである。本調査は先にポアソン回帰分析を用いて計算したが、過分散問題 (分散が平均よりも大きな値をとる) が生じた。ポアソン回帰モデルの適用には、平均と分散が一致しなければならないという制約がある。そのため、最終的に、過分散問題に対処できる負の二項回帰分析を用いることとした。

5) SPSSAU. (Version 22.0) は統計解析のオンラインソフトウェアである。詳細は < https://www.spssau.com > を参照のこと。

6) 『BTSJ コーパス』では、「実際の会話の中で発話された文」という意味で「発話文」という用語を用い、基本的な分析単位とする。詳細は< https://ninjal-usamilab.info/about_btsj/ >を参照のこと。

7) この「性別」変数は、性別における女性に対する男性の効果 (正の係数であれば、男性のほうが多い) を表す。3.4.1 と 3.4.2 における性別変数はすべてこの方法で処理されたものである。

3.4.2 それぞれの性別でよく使用するフィラーの種類は何か

　まず、男女全体のフィラーの使用状況を考察する。表3には、使用されたフィラーの総数と各種類のフィラーの回数を男女別に示す。図1には、フィラー総数におけるナンカ類とマー類が占める割合を円グラフで示す。図1をみると、男女ともに、ナンカ類とマー類の使用数がフィラー全体の使用数の三分の二ほどを占めていることがわかる。れいのるず秋葉 (2001) によると、ナンカ類は女性的で、マー類は男性的である。本節では、ナンカ類とマー類の使用状況を、男女差に注目しながら分析していく。

<表3> 男女別にみたフィラーの総数と各種類のフィラーの回数

	ア類	エ類	コノ類	ソノ類	アノ類	マー類	ナンカ類	モー類	コー類	ソー類	エット類	ン類	フィラー総数
男性	93	35	15	182	318	577	1236	347	167	62	37	103	3172
女性	52	15	8	136	391	323	2478	231	246	42	61	77	4060

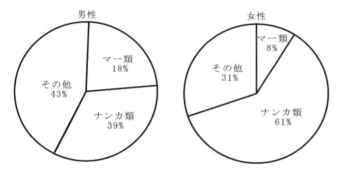

<図1> 男性・女性が使用したフィラー全体におけるナンカ類とマー類が占める割合

　まず、ナンカ類について考察する。フィラー全体の平均使用回数と同様の方法で、男性と女性それぞれのナンカ類の平均使用回数を計算した。その結果、男性 (0.11) に比べ、女性 (0.12) の方がよりナンカ類の平均使用回数が多いことがわかった。

　性別とナンカ類の使用回数の関連を明らかにするために、3.4.1 と同様の方法で、負の二項回帰分析を行った。話者ごとの発話文数をオフセット項とし、話者ごとのナンカ類の使用回数を従属変数とし、ダミー変数化された性別を独立変数とした。表4にはその結果を示す。

<表4> 性別とナンカ類の使用回数の関連を検証した負の二項回帰分析結果

	係数	標準誤差	p 値
切片	-2.144	0.109	0.000
性別	-0.079	0.179	0.660

従属変数：話者ごとの「ナンカ類」の使用回数 n=140　AIC：1209.730

　表4を見ると、性別の係数は負値（－0.079）だが、有意ではない（$p>0.05$）。表4の結果からは、現代の若者において、男性と女性のナンカ類の平均使用回数に差がないことがわかる。

　次に、マー類の使用状況を考察する。ナンカ類の平均使用回数と同様の方法で、男性と女性それぞれのマー類の平均使用回数を計算した。その結果、男性（0.05）のほうが女性（0.02）よりマー類の平均使用回数が多いことがわかった。そして、性別とマー類の使用回数の関連を明らかにするために、負の二項回帰分析を行った。話者ごとの発話文数をオフセット項とし、話者ごとのマー類の使用回数を従属変数とし、ダミー変数化された性別を独立変数とした。表5にはその結果を示す。

<表5> 性別とマー類の使用回数の関連を検証した負の二項回帰分析結果

	係数	標準誤差	p 値
切片	-4.128	0.120	0.000
性別	1.111	0.189	0.000

従属変数：話者ごとの「マー類」の使用回数 n=140　AIC：802.457

　表5を見ると、性別の係数は正値（1.111）で、有意である（$p<0.01$）。これは、女性に比べ、男性のマー類の平均使用回数が3.037倍（= exp (1.111)）ほど多いことを示す。このことから、女性より男性のマー類の平均使用回数が多いと言える。

　以上の結果を総合すると、先行研究で女性的だと指摘されているナンカ類は、実際には男女差にかかわらず、ほぼ同じ頻度で用いられる。一方、マー類は女性に比べ男性によって、より多く用いられると言える。

3.4.3　聞き手が同性・異性の場合に話し手(男性／女性)のフィラーの使用はどのような変化があるか

3.4.3.1　聞き手が同性・異性の場合の男性のフィラーの使用状況

　ここでは男性のフィラーの平均使用回数が聞き手の性別によって変化するかどうかにつ

いて検討する。

　まず、聞き手が同性の場合と聞き手が異性の場合それぞれについて、男性のフィラーの平均使用回数を計算した。その結果、聞き手が異性の場合 (0.24) より、聞き手が同性の場合 (0.29) における男性のフィラーの平均使用回数が多いことがわかった。

　聞き手の性別と男性のフィラーの使用回数の関連を明らかにするために、負の二項回帰分析を行った。男性話者ごとの発話文数をオフセット項とし、男性話者ごとのフィラーの使用回数を従属変数とし、聞き手の性別[8]をダミー変数化し (同性:0、異性:1)、独立変数とした。表6にはその結果を示す。

<表6>　聞き手の性別と男性のフィラーの使用回数の関連を検証した負の二項回帰分析結果

	係数	標準誤差	p 値
切片	-1.252	0.159	0.000
聞き手の性別	-0.179	0.333	0.591

従属変数：男性話者ごとのフィラーの使用回数 n= 52　AIC：539.667

　表6を見ると、聞き手の性別の係数は負値 (-0.179) だが、有意ではない ($p>0.05$)。表6の結果からは、男性のフィラーの平均使用回数に聞き手の性別が関わらないことがわかる。

3.4.3.2　聞き手が同性・異性の場合の女性のフィラーの使用状況

　ここでは女性のフィラーの平均使用回数が聞き手の性別によって変化するかどうかについて検討する。

　男性話者の場合と同様、まず、聞き手が同性の場合と聞き手が異性の場合それぞれについて、女性のフィラーの平均使用回数を計算した。その結果、聞き手が異性の場合 (0.12) より、聞き手が同性の場合 (0.21) における女性のフィラーの平均使用回数が多いことがわかった。

　聞き手の性別と女性のフィラーの使用回数の関連を明らかにするために、負の二項回帰分析を行った。女性話者ごとの発話文数をオフセット項とし、女性話者ごとのフィラーの使用回数を従属変数とし、ダミー変数化された聞き手の性別を独立変数とした。表7には負の二項回帰分析の結果を示す。

---

8) この「聞き手の性別」変数は、「聞き手が同性」に対する「聞き手が異性」の効果 (正の係数であれば、「聞き手が異性」のほうが多い) を表す。3.4.3で出現した「聞き手の性別」変数はすべてこの方法で処理されたものである。

<表7> 聞き手の性別と女性のフィラーの使用回数の関連を検証した負の二項回帰分析結果

	係数	標準誤差	p 値
切片	-1.579	0.116	0.000
聞き手の性別	-0.542	0.318	0.089

従属変数：女性話者ごとのフィラーの使用回数　n= 88　AIC：854.264

　表7を見ると、聞き手の性別の係数は負値 (− 0.542) だが、有意ではない (p > 0.05)。表7の結果からは、女性のフィラーの平均使用回数に聞き手の性別が関わらないことがわかる。

　3.4.3における調査結果を総合すると、聞き手が同性である場合にも異性である場合にも、男性話者、女性話者におけるフィラーの使用回数には変化がみられないと言える。

4. 男女差の要因についての考察

　ここまで、現代の若者の自然会話におけるフィラーの使用特徴と性差の関係を明らかにしてきた。これを受けて本節では、先行研究に基づいて、日本の社会的性役割期待と会話におけるフィラーの役割の二つの観点からフィラーの使用において男女差が生じる要因について考察し、『BTSJコーパス』中の実際の発話例を典型例として例示する。

4.1 男性が女性より多くフィラーを使用する要因

　四本 (2021) によると、欧米の文化圏を中心に「女性がよくしゃべる」という言説が広く信じられているが、実際には、脳に関する医学的研究において、性差を裏づける特定の脳領域は存在しないと言われている。すなわち、発話数に性差があるというのは根拠のない誤情報である。

　医学上の性差がみられないのであれば、なぜフィラーにおいて性差が見られるのか。その一つの要因として、現在の日本の社会に潜在的に組み込まれている性役割期待が考えられる。

　四本 (2021, 63) は「脳の機能や構造が、経験、学習、加齢などで柔軟に変わる。つまり、行動や思考が原因で、脳が結果であるという関係も成立する。そして、社会や教育は、行動や思考、脳の機能や構造に影響を与える」と指摘している。この社会や教育、行動や思考、脳の機能や構造という三つの要素の関係を考えるうえで、社会に存在する性差や暗黙のうちに伝えられる性役割期待が男性にも女性にも及ぼす影響は無視することができない。

　三浦他 (2019) によると、「男尊女卑」という言葉は死語になったかもしれないが、若年層においても、男性が主導的な役割を担い、女性が支える役割を担うといった性別役割分担

意識はまだ根強く残っているという。若松・柏木 (1984, 61) は、「子供が、誕生以来、自分の属する文化が要求する行動様式、価値基準を学習しつつ成人に到る」と述べている。家庭において、最も身近な存在である親の属性や親の性役割の認知や期待から影響を受けている (佐々木, 2012; 渡邊, 2019)。学校では、伝統的な女らしさや男らしさを強調する教科書の問題は現在に至るまで多くの研究者によって繰り返し指摘されている (牛山, 2005; 上森・栖原, 2020)。メディアでも、絵本、テレビ番組、さらに新聞などの登場人物や表現に隠れた性役割期待が子供に影響を与えている (石川・山名, 2021; 青木他, 2022)。

このような研究から、子供が周囲からの性役割期待を認知し、その期待に沿った言動をとるようになることは自然なことだと考えられる。男性は「強さ、自己主張、指導力、行動力、決断力など」があれば良いという役割期待を受けている (伊藤, 1978; 湯川他, 2008)。また、会話の中の「割り込み」と「前置き」が女性より多い (内田, 1997)。加えて自分のことや自分が導入したトピックに相手の注意や会話の焦点をもっていく支配的な役割を好む傾向がある (S. マコネル=ジネー, 2004)。一方、女性は「美しさ、優雅さ、配慮、従順さ、丁寧さなど」があれば良いという役割期待を受けている (伊藤, 1978; 湯川他, 2008)。加えて会話においては、相手の話に補足したり、うなずいたり、会話相手がトピックを導入しようとするのに応じたりする聞き手の役割を担う傾向がある (S. マコネル=ジネー, 2004)。

すなわち、表面的には意識されていないかもしれないが、潜在的には会話において「男性が主導的な役割を担い、女性が支える役割を担う」という性役割期待の影響を受けているということである。男性が会話において主導的な役割を担うのであれば、自分に割り当てられたターンに主張や考えをはっきり述べるために、適切な表現を考える時間が必要である。また、発話権を獲得し、自分のターンを保つことなども必要である。山根 (2002) によると、フィラーは間つなぎ、時間稼ぎなどの話し手の情報処理能力を表出する機能、境界指示、倒置、助詞の省略などのテクスト構成に関わる機能、心情の高まり、発話の和らげ、注意喚起、沈黙回避などの対人関係に関わる機能があるという。要するに、フィラーそのものは命題内容がないが、談話進行の管理や対人関係の調整において大きな役割を果たしているのである。そのため、男性が発話する際にフィラーを数多く、種類も豊富に使っているのだと考えられる。実際の発話例 1 を見る。

発話例 1

JMB013	いろんな人いる。
JF109	いろんなことできる人が多いよねー。
JMB013	でもねー、俺ね、最初ねー大学入ったときね、(うん)[9]①その、高校の友達にさ、(うん) "お前絶対そんなきもい奴としゃべんなよ"[10] とかさ (<笑い>)[11] 普通に言われてたからさ、(うん) すげーシャッター閉めてたの。
JF109	へー。
JMB013	だから (<笑い>)、だから (うん)、「人名2」とかー (うん) と、あの辺と仲良くしとかないと、(うん) ②こう、<笑いながら>ほっとくと③なんか変な人しかおらへん世界に行くんちゃうんとか思っててんけどー、(あー) 俺3年の時に④その、「人名9」ゼミとかさー、(うん)「人名10」ゼミとか入ってね、(うんうん) "あ、けっこうそういう真面目な人たちもおもろいな"と思ったの。
JF109	めがね系面白い人多いよねー。
	(中略)
JMB013	⑤なんか、やっぱ見た目で判断したらいかんねんなっていうふうには思ったけど。
JF109	そうだねー、それ大事だね。

　発話例 1 においては、JMB013 (男性) とJF109 (女性) が、学校では色んな人がいることについて話している。ここでは「その、こう、なんか」が複数回使用されている。岩田 (2014) によると、「その」は言い淀みと言葉探しの用法があるという。小出 (2010) によれば、「こう」は心的に思い浮かべられた対象が言語化しにくいことを示す機能があるという。「なんか」は「不確定さ」を表し (鈴木, 2000)、「会話を和らげる」、「話題の獲得」、「つなぎ語」の機能がある (飯尾, 2006) と言われる。

　「その、こう、なんか」に関する先行研究の見解をもとに、発話例 1 におけるこれらの使用を、さらに具体的にみていく。JMB013 は積極的に発話権を取って、自分が大学に入ったばかりの頃のことを小出しにしながら、「①その」を用いて、時間を稼ぎ、当時の記憶を探す。人名 2 と仲良くしないと、自分はどのような世界へ落ちるのかという考えをどのように言葉で表すかわからない時に、「②こう」を用いて、心に思い浮かべられた対象が言語化しにくいことを相手に示す。その後、話の内容に対する不確定さを表す「③なんか」を用いて、その後に提出した「変な人しかいない世界へ行ってしまう」という主張を和らげる。続いて、

---

9) 短く、特別な意味を持たない「あいづち」を表す。

10) 話者及び話者以外の者の発話・思考・判断などの内容が引用された場合、その部分を " " でくくる。

11) 相手の発話の途中に、相手の発話と重なって笑いが入っている場合は、短いあいづちと同様に扱う。

JMB013 は 3 年生の頃のことを話す時、再び「④その」を用いて、人名の検索の時間を稼ぐ。JF109 は「めがね系面白い人多いよねー」とまとめて、JMB013 の話を補足する。その次に、JMB013 は発話権を取って、「⑤なんか」を用いて、「やっぱ見た目で判断したら無理だ」という主張を和らげる。

　発話例 1 全体を見ると、JMB013 (男性) はこの会話の主導者として、自分のことや主張を述べる際、「その、こう、なんか」を使って主張を和らげ、検索の時間を稼ぐ。JF109 (女性) は相づちをしたり、相手の話を補足したりするなど積極的に聞き手としての役割を担う。

4.2　男女がよく使用するフィラーの種類が異なっている要因

4.2.1　女性より男性がマー類を頻繁に使う要因

　ここでは会話におけるマー類の役割について検討する。

　マー類 [12] の基本的な機能についての代表的な研究としては川上 (1993, 1994) がある。川上 (1993, 1994) は、マー類の持つ基本的な機能を「概言」として、いろいろ問題はあるにしても、ここではひとまず大まかにひきくくって述べようとするという姿勢・態度にかかわると述べている。

　こうした概言の機能に言及する研究としては、山田 (2013) と落合 (2018) もある。山田 (2013) は心的処理過程の視点からマー類を二つのタイプに分けた。一つは大きく話題を更に広げていく「展開タイプ」、もう一つはまとめに入る・暫定的判断を示す「概括タイプ」であるという。落合 (2018) は、LINEやブログに出現するマー類を分析し、マー類は話題をまとめる性質を持って、話を総括する際に出現すると指摘している。

　また、マー類が評価、主張、判断などの表現の前にもよく出現すると指摘している研究もある。魏 (2015) は、フィラーとしてのマー類は必ず何らかの文脈、背景を前提として、そこから一定の評価、主張、見解、判断、説明などを引き出すものであるという。

　上記の先行研究から、マー類の基本的な機能は概言であり、まとめるようなマーカーとして、評価、主張、判断などを引き出す前に使用されやすいことが言える。実際の発話例をいくつか見ていく。

---

12) 先行研究では、フィラーのマー類、ナンカ類に対する呼び方は異なっている。理解のために本稿ではすべてマー類、ナンカ類のように統一した。

発話例2

JM066	<1週間前>{>}[13) に教えてくれればいいのに。
JF109	あー、けどなんか、①まー大体いいんだけどね。
JMB013	かこ、なんかー、いつもTOEICの過去問みたいのやってるの（あー）
JF109	それ、のー、今までやったやつから出しますって言ってるからー、《少し間》[14) ②まー、ある意味答えは全部知ってるみたいな<もんだからさー>{<}。

　発話例2においては、JM066（男性）とJM095（男性）が英語のテストについて話している。JM066の「（英語のテストがあることを）一週間前に教えてくれればいいのに」という文句に対して、JM095は否定的な意見を小出しにしながら、「①まー」を用いて、主張や評価となる「大体いいんだけどね」を引き出す。そして、テスト内容について説明した後、「②まー」を用いて、「ある意味答えは全部知っているから、心配しなくてもいいのだ」のように自分の話をまとめる。

発話例3

JFB027	でもさ、その人がさ、（うん）自分にとってさ、ほんとにさ、（うん）ほんとにもうさー、あ、もう、もう、ほんと素敵っていう（うん）人と、そう、うまくいってたのにさー（うん）そんなそんな、ようなことでだめんなっちゃってさー、そういうさ、偉大な人をさ、失ったりスケってすっごい大きくない？
JM028	あーそれは、それは、そうだけど（<笑い>）あのー、①ま、こう、客観的に言わしてもらえば、（うん）《少し間》次一見つけた人も、たぶん、偉大な人だよ<最後軽く笑いながら>。

　発話例3では、JF027（女性）とJM028（男性）は恋人と別れることについて話している。失恋したJF027の質問に対して、JM028は「①ま」を用いて、自分の主張「次に見つけた人も偉大な人だよ」を引き出し、JF027を慰める。

　以上の先行研究と実例を見ると、男性がまとめるマーカーであるマー類を多用するのは、男性が、談話をまとめる役割を担うことが多いことの反映であると考えられる。ではなぜ男性がそのような役割を担うのかについては、現段階では筆者は議論する用意を持たない。今後の課題としておく。

---

13) 同時発話されたもの、重なった部分双方を < > でくくり、重られた発話には、< > の後に、{<} をつける。また重ねた方の発話には、< > の後に、{>} をつける。

14) 話の流れの中で、少し「間」が感じられた際につける。

4.2.2 ナンカ類が男女ともにほぼ同じ頻度で用いられる傾向がある要因

ここでは会話におけるナンカ類の役割について検討する。

田窪・金水 (1997) は、ナンカ類は「だいたいこんな感じ」という心的状態を表すフィラーであると指摘している。鈴木 (2000) は、ナンカ類の本質的な機能は「不確実性・不特定性」を表すという。これらの先行研究に共通するのは、ナンカ類が「不確定さ」を表すということである。

しかし、実際の会話で発話されるナンカ類は必ずしも常に「不確定さ」を表すわけではないと指摘する研究も少なくない。鈴木 (2000) は、ナンカ類は「不確実性・不特定性」を表す本質的な機能のほかに、語用論的機能と談話調整機能もあると主張している。例えば、否定的な意見を暗示したり、時間的余裕を作り出したり、新しい話題の導入を示したりするなどの場合にナンカ類が出現しやすいという。飯尾 (2006) は、ナンカ類の主な機能は「会話を和らげる」、「話題の獲得」、「つなぎ語」であると主張している。

上述した先行研究の見解を総合すると、ナンカ類には「不確定さ」を表し、「発話を和らげる」、「発話をつなぐ」、「発話権を獲得する」など多くの機能があると言える。さらに、鈴木 (2000, 76) によれば、「これらの諸機能は、それぞれ単独で働くこともあれば、複数が同時に働くこともある」という。

今回の調査データ (友人関係の大学生の会話) において、男女はいずれもコミュニケーションを順調に進めるために、ナンカ類を使って、表現を少し和らげる傾向がみられた。この結果は米川 (1996) が提出した、現代の若者ことばの特徴の一つとして、「緩衝機能」(相手の感情を害したり傷つけたりするのを避けて、相手への印象を和らげ、言葉の暴力性を緩和する) があることと合致している。「発話をつなぐ」、「発話権を獲得する」など会話を促進させる機能を併せて考えると、ナンカ類の使用環境では、社会一般で求められる男性像 (自己主張のできる、行動力や指導力などがある)、あるいは女性像 (美しさ、優雅さ、配慮などがある) に厳密な関連があるとは言えない。すなわち、ナンカ類の使用において、社会的性役割期待がないため、現代の若者によって、男女区別なしに使われているのであると考える。実際の発話例を見る。

発話例4

JMB012	TOEIC、TOEFLってあれだよね、点数低いほうだよね。
JM036	TOEICのほうが ①なんか よく使われてるほうだよね。
	（中略）
JMB012	大変だよー、どっちにしろ進路は、ね、へこむよねー、（そうだよね）②なんか 3年になってへこむことが多いんだけど。
JM036	③なんか 、現実をー、<笑いながら>見なきゃいけないのかって感じだよね（そうそう）（<笑い>）。

　発話例4では、JM036（男性）とJMB012（男性）は大学院に入るためにTOEFLかTOEICのどちらを受けるべきかについて話している。JM036は「①なんか」を用いて、「TOEICのほうがよく使われている」という見解を小出しに提出し、相手の同意を求める。また、二人は進路のことについて話しているが、JMB012は「②なんか」を使って時間を稼ぎ、「進路はへこむ」という発話に「三年生になると」という情報を補足する。JM036は「③なんか」を使って、「現実を見なきゃいけない」という自分の主張を和らげる。

発話例5

JM028	楽なポジションていう、①なんか ポジションは別にないけど。
JFB027	そり、だうしさ、誰よ、『人名2』ちゃんじしょー。
JM028	うん、「人名3」さん、「人名4」君、俺。
JM028	】そう、そうなんだけどね、あのね（うん）「人名4」君と、「人名2姓」さんだったらいいんだけど、（うん）「人名3」さんちょっと怖いんだよね。
JFB027	ほらー②なんか 1番 ③なんか さ、がりがりやりそうな2人がさ【【[15]。
JM028	】そう、そうなんだけどね、（後略）

　発話例5では、JM028（男性）とJFB027（女性）はJM028のゼミにおけるポジションについて話している。JM028は、JFB027が提出する自分（JM028）がゼミで一番楽なポジションにいるという指摘に対して、「①なんか」を用いて、表現を和らげ、否定的な意見を述べる。その後、JFB027は「JM028の隣に座る人はがりがりやりそうな人だ」を述べているが、そこでは「②と③なんか」を使い、表現の不確定さを表しながら、時間を稼ぐ。

---

15) 第1話者の発話文が完結する前に、途中に挿入される形で、第2話者の発話が始まり、結果的に第1話者の発話が終了した場合【【 】】をつける。結果的に終了した第1話者の発話文の終わりに、句点前に【【をつけ、第2話者の発話文の冒頭に】】をつける。

5.　まとめ

　本稿では、フィラーと性差の関係を検討するために、『BTSJコーパス』を利用し、男性同士ペア、女性同士ペア、男女ペアの自然会話状況でのフィラーの使用実態を明らかにした。その結果は以下のようになる。

> (1) フィラー全体を見ると、男性は女性より多くフィラーを使用する。
>
> (2) ナンカ類は男女差にかかわらずほぼ同じ頻度で用いられる。マー類は男性によって多く用いられる。
>
> (3) 男女のフィラー全体の使用頻度に、聞き手が同性か異性という違いは関わらない。

　ただし、今回の調査は年齢や上下関係などの条件を統一し、友人関係の大学生の雑談を調査データとしたが、会話場面が限られている。初対面の場合、フォーマルな場面など、より広い場面におけるフィラー使用の実態について全面的な考察を行なえば、新たな差異が発見されうると考える。現代の若者の言葉遣いは中性化していることがよく言われている。普段の生活の中ではあまり男女差が感じられないかもしれないが、社会的性役割期待の影響を考慮すれば、実は言語表現において男女差がまだ残されていると考える。今後は感動詞や文末表現など他の言語表現の使用実態を調査し、男女差があるかどうかについて考察していきたい。

参考文献

青木紀美子・大竹晶子・小笠原晶子 (2022).「メディアは社会の多様性を反映しているか①　調査報告 テレビの
　　ジェンダーバランス」『放送研究と調査』72 (5), 2-28. NHK放送文化研究所.

飯尾牧子 (2006).「短大生の話し言葉にみる談話標識『なんか』の一考察」『東洋女子短期大学紀要』38,67-77.

石川聡子・山名幸世 (2021).「子ども向け絵本に描かれた登場人物のキャリアとジェンダー─女性の科学技術系
　　人材育成の背景にあるもの─」『大阪教育大学紀要総合教育科学』69, 21-40.

伊藤裕子 (1978).「性役割の評価に関する研究」『教育心理学研究』26(1), 1-11.

岩田一成 (2014).「指示詞から感動詞へ─アノ (─)・ソノ (─) について─」『山口国文』37, 26-38.

上森さくら・栖原佳乃子 (2020).「小学校道徳教科書のジェンダー視点からの分析 (1)」『教育実践研究』46, 53-61.

牛山恵 (2005).「小学校国語科教材とジェンダー」『都留文科大学研究紀要』61, 23-43.

王凱男

内田伸子 (1997).「会話行動に見られる性差」井出祥子 (編),『女性語の世界』74-93. 明治書院.

小川早百合 (2006).「話しことばの終助詞の男女差の実際と意識―日本語教育での活用へ向けて―」日本語ジェンダー学会 (編),『日本語とジェンダー』39-51. ひつじ書房.

落合哉人 (2018).「電子媒体における『フィラー』」『筑波日本語研究』22, 75-104.

川上恭子 (1993).「談話における『まあ』の用法と機能 (一) ―応答型用法の分類―」『園田国文』14, 69-78.

川上恭子 (1994).「談話における『まあ』の用法と機能 (二) ―展開型用法の分類―」『園田国文』15, 69-79.

魏春娥 (2015).「談話におけるフィラー『ま (一)』の待遇差に関する予備的考察」『東アジア研究』13,75-93.

小出慶一 (2011).「日本語学習者の発話に見られるフィラー『こう』について」『埼玉大学紀要教養学部』46 (2),99-112.

佐々木尚之 (2012).「JGSS累積データ2000–2010にみる日本人の性別役割分業意識の趨勢 ―Age-Period-Cohort Analysisの適用―」『日本版総合的社会調査共同研究拠点研究論文集』12 ,69-80.

鈴木佳奈 (2000).「会話における『なんか』の機能に関する一考察」『大阪大学言語文化学』9, 63-78.

田窪行則・金水敏 (1997).「応答詞・感動詞の談話的機能」音声文法研究会 (編),『文法と音声』257-279. くろしお出版.

S. マコネル=ジネー (著) れいのるず秋葉かつえ(訳)(2004).「女たちによる意味の (再) 生産」れいのるず秋葉かつえ・永原浩行 (編),『ジェンダーの言語学』23-48. 明石書店. [McConnell-Ginet, S. (1989). The sexual (re) production of meaning: A discourse-based theory. In F. W. Frank & P. A. Treichler (Eds.), *Language, Gender, and Professional Writing: Theoretical Approaches and Guidelines for Nonsexist Usage*, 35-50. MLA Publications.]

三浦まり・髙橋惠子・金子雅臣・大塚雄作 (2019).「ジェンダー・クオータ (性別割り当て) とハラスメント―政治学と心理学の架橋―」『教育心理学年報』58, 330-350.

山田葵 (2013).「自然談話における『マア』の使用について―談話上の機能と話し手の情報処理のプロセス―」『南山言語科学』8, 295-312.

山根智恵 (編)(2002).『日本語の談話におけるフィラー』くろしお出版.

湯川隆子・清水裕士・廣岡秀一 (2008).「大学生のジェンダー特性語認知の経年変化―テキスト・マイニングによる連想反応の探索的分析から―」『奈良大学紀要』36, 131-150.

四本裕子 (2021).「脳や行動の性差」『認知神経科学』23 (2), 62-68.

米川明彦 (編)(1996).『現代若者ことば考』丸善出版.

れいのるず秋葉かつえ (2001).「ポーズ・フィラーから見た女性の話し方の変化と現状」遠藤織枝 (編),『女とことば』100-110. 明石書店.

若松素子・柏木恵子 (1984).「女性の性役割認知」『東京女子大学紀要論集』34 (2), 61-81.

渡辺美知子・外山翔平 (2017).「『日本語話し言葉コーパス』と対照可能にデザインされた英語話し言葉コーパス におけるフィラーの分布の特徴」『国立国語研究所論集』12, 181-203.

渡邊寛 (2019).「男子大学生の男性役割態度と関連する親の要因」『パーソナリティ研究』28 (1), 28-41.

品詞、語種の構成率から見た非母語話者、母語話者児童向けに「調整された日本語」の語彙と文体の特徴

近藤めぐみ (日本大学大学院生)

要旨

　本研究は、母語話者成人レベルにある日本語使用者が、そのレベルにない日本語使用者に向けて行う言語調整の結果物としての日本語を「調整された日本語」と定め、その実態を品詞構成率、語種構成率に基づき、語彙的および文体的側面から構造的に捉えることを目的とする。

　日本語教育、国語教育が目標とする日本語運用能力の受容面では両者が目指すものは大きく重なるにもかかわらず、語彙的側面では、「調整された日本語」のうち、非母語話者向け文章は一般の母語話者成人向けの文章とは有意に異なり、品詞では動詞が、語種では和語が多い一方で、母語話者児童向け文章は母語話者成人向けの文章と大きな違いは見られなかった。しかし、RJF (和語語種率) に基づく名詞を除いて捉える文章の硬さの判定ではいずれの資料も「やわらかい文体」とされる。また、MVR (品詞比率の分布を調べるモデル) に基づく文章の判定では、母語話者児童向けと母語話者成人向け文章が要約的な文章に近く、非母語話者向けの「調整された日本語」では他資料と比較し、相対的に「動き描写的」文章よりも「ありさま描写的」文章である。

キーワード：「調整された日本語」、語彙、文体、品詞構成率、語種構成率

Lexical and Stylistic Characteristics of "Adjusted Japanese" for Non-Native Speakers and Native Children from Part-of-Speech and Word-Class Composition Perspectives

Kondo Megumi (Nihon University Graduate Student)

Abstract

　This paper aims to clarify the characteristics of "adjusted Japanese" in terms of its lexical and stylistic aspects based on part-of-speech and word-class composition rates. Herein, "adjusted Japanese" is that which has been adjusted by native-adult-level Japanese language users to facilitate understanding among listeners with lower Japanese fluency.

In terms of the receptive aspect of Japanese fluency , the goals of Japanese language education for both non-native speakers and native children are almost identical. However, "adjusted Japanese" for non-native speakers differs significantly from Japanese for native adults in terms of lexical composition, with more verbs in terms of part-of-speech and more native Japanese words in terms of word-class, whereas "adjusted Japanese" for children differs only slightly. Nevertheless, according to the ratio of Japanese words to foreign loanwords (RJF), which measures the inflexibility of sentences by excluding nouns, all articles are written in "soft styles". In addition, according to the modifying words and verb ratio (MVR), "adjusted Japanese" for children and Japanese for native adults offers close to a full summary, whereas "adjusted Japanese" for non-native speakers is relatively more "state-descriptive" than "motion-descriptive".

Keywords: "adjusted Japanese", vocabulary, writing style, part-of-speech composition, word-class composition

1.　はじめに―本稿の目的―

1.1　本稿の目的

　言語の発達段階において、身につけた知識や技能を「実際に使える」「現実社会で活かせる」プロフィシェンシーは多方面で議論されるところではあるが、そこで議論される「実際」「現実」が何を指すのかについては綿密な分析が不可欠である。言語の発達は第一言語と第二言語で区別されることが多いが、本研究では、日本語非母語話者や母語話者児童が言語生活を営む上で情報源とし得る、それぞれの対象者向けに「調整された日本語」で提供される文章の構造を、語彙、文体面から分析し、その類似と相違を明らかにすることで、「実際に使える」「現実社会で活かせる」言語として非母語話者や母語話者児童が向き合う「調整された日本語」[1]の特徴を捉え、考察することを目的とする。

---

1) 言語は、場面や相手、状況により、さまざまな調整がなされた上で表出されるものであるが、本研究で扱う「調整された日本語」は、母語話者成人レベルにある日本語使用者が、そのレベルにない日本語使用者に向けて行う言語調整の結果物としての日本語を指すものとする。

　具体的に本研究では、①非母語話者を対象者の中心に据えた「やさしい日本語」[2]で書かれたニュース、②母語話者児童を対象とした子ども新聞、③①の書き換え元である一般の日本語によるニュースで使われる語彙を品詞、語種の観点で捉え、語彙と文体の特徴を論じる。対象資料をニュース・記事とするのは、経済、政治、文化など幅広いジャンルを扱う媒体であることに加え、ニュースは内容伝達を最大使命とし、その言語調整は、対象者の理解促進という明確な狙いに基づいていることによる。

　こうした異なる受け手に向けた「調整された日本語」ニュースの分析により、その類似点を明らかにできれば、対象者を限定しないユニバーサルな理解促進の言語調整手法としての検討が可能となる。あるいは、その相違点が明らかとなれば、特定の対象者に応じた調整追求のための基礎資料や異なる対象者に向けた理解促進の手法としての検討材料となり得る。

1.2　日本語非母語話者、日本語母語話者児童向けに「調整された日本語」
―日本語教育、国語教育の接点と共通課題としての認識―

　「調整された日本語」の受け手は、日本語非母語話者、日本語母語話者児童、知的障害者、急病人、酩酊状態にある人など、幅広い。本稿ではそのうち、日本語非母語話者[3]と日本語母語話者児童、言い換えれば、日本語教育と国語教育の対象となる人物を言語の受け手として想定する「調整された日本語」を扱う。

　日本語教育と国語教育が目指す日本語運用能力は、受容の側面では大きな重なりがある。日本語非母語話者の日本語能力を測定する試験である日本語能力試験 (JLPT) の出題基準[4]には、N3 に「日常的な場面で使われる日本語をある程度理解することができる」、N2 に「日常的な場面で使われる日本語の理解に加え、より幅広い場面で使われる日本語をある程度理解することができる」という記述がある。これは、2020 年 4 月から全面実施の小学校学習

---

2)「やさしい日本語」は、阪神・淡路大震災で、日本語に堪能でない外国人住民を情報被災者にさせてしまった経緯から研究が始まり (佐藤 , 1999)。その後、現在に至るまでに、非常時・平時を問わず、また、日本語非母語話者と日本語母語話者との関わりの中での言語として、多方面から種々の研究が進められている。ここで採用する「やさしい日本語」ニュースはニュース制作側が「やさしい日本語」であるとしているものであり、本稿では実際にこのニュースが「やさしい日本語」で書かれたものか否か、「やさしい日本語」とは何かの検討を主旨としないため、本稿では「やさしい日本語」のように括弧を付して表記することとする。

3) 日本語非母語話者にも日本語熟達者は多いが、本稿では「日本語非母語話者」を成人の母語話者レベルの日本語運用能力を持つに至らない学習者や生活者といった日本語を母語としない日本語使用者を指すものとする。

4) 国際交流基金・日本国際教育支援協会「N1 ～ N5 認定の目安」『日本語能力試験 JLPT』[https://www.jlpt.jp/about/levelsummary.html] (2023 年 4 月 27 日検索).

指導要領における目標の項目の一つにある「日常生活に必要な国語について、その特質を理解し適切に使うことができるようにする」(文部科学省, 2017, 14) と類似するものである。

「調整された日本語」の例を見ても、たとえば、NHKがウェブ上で公開している「やさしい日本語」ニュース、NEWS WEB EASYは、日本語能力試験旧試験の語彙や文法の出題基準などを書き換え基準として定めている (田中他, 2013) が、本格公開前の公開実験に際して行われた外国人 (漢字圏・非漢字圏) と子ども (小・中学生) に対する理解度テストでは、外国人のみならず、子どもも「やさしい日本語」ニュースにより理解度が向上したことが示されている (田中他, 2012)。しかしながら、日本語文法と、学校文法あるいは国文法との違いが議論される (山田, 2004; 村木, 2012 等) ように、日本語教育と国語教育は必ずしも同じ枠組みで日本語の構造を説明できるには至っておらず、両者には依然として隔たりもある。

そこで本稿では、非母語話者、母語話者児童向けに書かれた「調整された日本語」資料を複数扱うとともに、比較のため一般の日本語母語話者成人向けの資料も合わせて検討し、非母語話者、母語話者児童を対象とした「調整された日本語」の特徴を明らかにしていきたい。

2. 調査方法

2.1 対象資料

本研究では、非母語話者を対象者に含む記事としてNHK NEWS WEB EASY (NWE) [5]と西日本新聞のやさしい日本語ニュース (西や) [6] の2種、母語話者児童を対象者とする記事として朝日小学生新聞 (朝小)、毎日小学生新聞 (毎小)、読売KODOMO新聞 (読K) の3種、比較のため、NWEと西やの書き換え元である一般向けの普通のニュースのNHK NEWS WEB (NW) [7] と西日本新聞 (西普) [8] の2種、計7種の媒体の記事を扱う。対象期間は、2020年7月〜12月までの半年間とする。

ただし、朝小、毎小、読Kの3紙については、NHK (NWEとNW)、西日本新聞 (西やと西普) と記事の特徴を揃える目的で、比較的短く、ジャンルが明示された記事を分析対象とする。具体的には、朝小は1、3面の「ニュースあれこれ」計4本、毎小は3面ニュース3本、読Kは3、5面の計5本である。また、記事の本数の不均衡を均すため、掲載本数の

5) NHK NEWS WEB EASY. [https://www3.nhk.or.jp/news/easy/].

6) 西日本新聞 me 連載「やさしい日本語」. [https://www.nishinippon.co.jp/theme/easy_japanese/].

7) NHK NEWS WEB. [https://www3.nhk.or.jp/news/].

8) 西日本新聞 me. [https://www.nishinippon.co.jp/].

多いNWE、朝小、毎小、NWは読Kの発行日である木曜掲載記事のみを扱う。記事の本数、文字数等の概要は表1に示すとおりである。

　記事1本あたりの長さは、NWE、西や、毎小、読Kは300字前後だが、朝小は短く200字弱で、一般ニュースである西普とNWは平均で順に500字、1000字を超える長さがある。また、文体は西普のみ普通体、その他は丁寧体で書かれている。こうした文章の短さや文体の丁寧さが理解促進に役立つかは別の調査を必要とするが、NWE、西やの「調整された日本語」が、文章の長さ、丁寧さ、情報量などに留意してNW、西普から書き換えられていることは確認でき、母語話者児童向けの3紙にも同様の文章、文体上の特徴が観察される。

＜表1＞　資料の概要

	非母語話者向け		母語話者児童向け			一般向け	
	NWE	西や	朝小	毎小	読K	NW	西普
記事数	81	143	103	78	135	81	149
文字数	26,405	48,607	18,221	22,147	43,137	105,755	79,818
語数	15,526	27,156	10,505	12,769	24,637	62,311	46,039
文字数／1記事	326	340	177	284	320	1,306	536
語数／1記事	192	190	102	164	182	769	309
媒体	ウェブ	ウェブ	紙面	紙面	紙面	ウェブ	ウェブ[9]
文体	丁寧	丁寧	丁寧	丁寧	丁寧	丁寧	普通

2.2　分析手法

2.2.1　語彙分類手順

　NWE、NW、西や、西普はウェブ上から写真やルビを除いたものを、朝小、毎小、読Kは紙面をテキスト化の上、Chamame1.0.4[10]、unidic-cwj-3.1.0[11]を用いて形態素解析を行った。解析結果のうち、品詞（記号）と語種（記号、空白）は誤解析をすべて手作業で修正した。語や文字の計量は各資料全体と1記事ごとに、文字数はHidemaru 9.1.3.99[12]、語数と語種、品詞はMicrosoft Office Excel 2016 Pivot Tableにより行った。また、品詞、語種のそれぞ

---

9) 西日本新聞の記事のうち、西やに書き換えられる西普はおおむね、紙面の記事に基づいたウェブ記事だが、対象期間にはないものの、まれに西日本新聞のウェブ上限定の記事から西やへ書き換えられることもある。

10) Chamame 形態素解析ソフト. [https://ja.osdn.net/projects/chaki/releases/p15635] よりダウンロード。

11) 国立国語研究所、形態素解析辞書. [https://clrd.ninjal.ac.jp/unidic_archive/cwj/3.1.0/] よりダウンロード。

12) サイトー企画（代表斉藤秀夫氏）、Windows 対応のテキストエディタ. [https://hide.maruo.co.jp/software/hidemaru.html] よりダウンロード。

れの項目における資料ごとの差を調べるために、WebアプリケーションANOVA ver.1.0 [13]
で一元配置分散分析を行った。

2.2.2　分析指標—品詞構成率、MVR、RJF—

　本研究では文体的特徴を捉える目的で、①品詞構成率、②MVR (Modifying words and
Verb Ratio、品詞比率の分布を調べるモデル [14])、③RJF (Ratio of Japanese words to Foreign
loanwords、和語語種率) を指標に分析を行う [15]。品詞と語種に着目した指標を用いるのは、
書き換えにより両者の使用に変化が生じるためである。「調整された日本語」への書き換え
では、田中・美野 (2011, 5) がNWEについて、「やさしい日本語で書き換える場合、一般に
漢語を和語に開く」と述べているように、語種の入れ替えが随所で起こるのに加え、「早期
発見」から「早く見つける」への書き換えのように、使用される品詞にも多くの変更が見ら
れる。

　品詞構成率を見る上で、自立語はその役割により、以下のように4分類できる (伊藤,
2017)。

　　・N— 名詞。文の骨組みとなり、何が、何を、いつ、どこでを表す。
　　・V— 動詞。述語となる重要な語。動き・変化を主に表す。
　　・M— 形容詞・形容動詞・副詞・連体詞 [16]。ものやことがらの状態・有様を表し、どんな・
　　　　どんなに・どんなだを表す語。
　　・I— 接続詞・感動詞。送り手の態度を直接に、概念化せずに表す語。

（伊藤 , 2017, 45）

　伊藤 (2017) は、樺島・寿岳 (1965) を品詞構成比率と文章の特徴に関する議論の根拠資料

---

13) Mizumoto, Atsushi. (2015). Langtest (Version 1.0) [Web application]. Retrieved from [http://langtest.jp]
14) MVR の略語のパラフレーズは、中尾 (2010) による。
15) 語彙の多様性を表す指標に TTR (type/token ratio) があり、これは「延べ語数における異なり語数の割合とい
　　う指標を用いるのが一般的」(田島他 , 2008, 51) とされ、全体量を揃えることができれば、文章の文体的
　　特徴を捉える有効な指標となる。しかし本研究においては、表 1 に示したように 1 記事当たりの語数が対象
　　資料ごとに大きく異なり、有効な指標とはしがたいことから採用しない。
16) 本稿の品詞体系は Unidic に基いており、M は Unidic における形容詞・形状詞・副詞・連体詞の集計とした。
　　Unidic における形状詞は、「静か」「健やか」など、形容動詞の語幹部分に当たるが、名詞としての用法がある「安
　　全」「心配」などは、「名詞 - 普通名詞 - 形状詞可能」に分類されるため形状詞には含まれない (伝他 , 2008)。

とし、どのような素材テクストでも「名詞Nの比率がわかれば、ほかの品詞グループの比率もだいたい見当がつく」(伊藤 2017, 46) としている。樺島・寿岳 (1965) の研究では、談話、小説、新聞などの各種テクストを資料に、N比率に対して他のV、M、Iの値が散布図の傾向線上に位置づけられることが示されている。本研究でも対象資料のN、V、M、Iの構成率を求めるとともに、それぞれの資料が、樺島・寿岳 (1965) の研究で示された、どういったテクストと似た品詞構成をとるかをみる。

　さらに、「ある文章の品詞構成率から文章の表現的特徴を判定する文章指標」(伊藤, 2017, 51) であるMVRを用いて、「調整された日本語」の文体的特徴をみる。MVRは「$M \div V \times 100$」で求められ、その値によって文章が「ありさま描写的」か「動き描写的」かの判定が可能となる。本研究でもMVR値を求め、各資料の文章に見られる違いを考察する。

MVRの値	品詞比率	表現のあり方
大	M＞V	ありさま＞動き
小	M＜V	ありさま＜動き

(樺島・寿岳, 1965, 32)

　その上で、和語語種率 (RJF) で文体の硬さを求める。RJFは「動詞・形容語・副詞の和語語数÷動詞・形容語・副詞の総数× 100」で求められる数値で、蓮井 (2014) は、「やわらかい文体」ではRJFが 90%を超えることなどを明らかにし、文体の硬さを測る指標となり得ることを検証している [17]。

3.　品詞から見た「調整された日本語」

3.1　品詞から見た「調整された日本語」語彙の構造

　品詞の分布について、7種の記事の差異を確認する。表2は、すべての資料で使用率の高い6品詞、名詞、助詞、動詞、助動詞、接尾辞、形容詞とその他の比率を四捨五入し、最小値、中央値、最大値を示したものである。なお、その他の品詞は、形状詞、副詞、連体詞、接続詞、接頭辞、代名詞、感動詞が該当する。図1は品詞ごとに7種の記事を一元配置分散分析にかけ、有意差がある項目を示したものである。使用率の高い6品詞それぞれに、7種の記事の差を

---

17) 名詞や、名詞を含む「語幹＋機能語」となり得る語の扱いに課題があるとの指摘 (蓮井 , 2014) もある。

調べるため、分散分析を行った結果、いずれも *p<.001* で主効果が見られた。

　品詞別の使用率は、表2に示すように、いずれの資料でも名詞、助詞の順に比率が高く、名詞、助詞、動詞、助動詞の4品詞で構成語彙のおよそ90%を占めている。ただし、その比率は資料によって異なる。名詞率は非母語話者向け「調整された日本語」では中央値34-35%、最大値48%なのに対し、母語話者児童向けは中央値40-47%、最大値57-62%、一般向けは中央値39-47%、最大値61-65%であり、名詞率は対象者の異なる「調整された日本語」2種よりも、母語話者児童向けの「調整された日本語」と一般向けの日本語のほうが近い。同様に、動詞や形容詞の最大値などを比較すると、「調整された日本語」2種よりも母語話者児童向けの「調整された日本語」と一般向けの日本語のほうが品詞構成が近い項目が複数ある。また、対象者を同じくする資料でも媒体ごとに出現率の多少に違いはあるものの、NWからNWEへ、西普から西やへの書き換えを比較すると、書き換えによる名詞率の減少、助詞、動詞、助動詞、形容詞の比率の増加に見られるように、一般向けの日本語から非母語話者を主対象とする「調整された日本語」への書き換えによる品詞構成の変化が類似していることがわかる。なお、西普と西やで助動詞の比率の差が大きいのは、普通体で書かれた西普が丁寧体、すなわち「です」「ます」で書き換えられたことにより、文末を中心に助動詞が必然的に増えたためである。

　図1のそれぞれの品詞別に見た各資料間の有意差の有無からも確認されるように、誰に対する調整なのかという調整相手は品詞構成にかかわる要素となる。特に、非母語話者を主対象とした「調整された日本語」2種、NWEと西やは、他の資料と比べたとき、各品詞の多少が合致している。また、母語話者児童向けの「調整された日本語」と一般向けでは、名詞と動詞の構成において、想定された言語の受け手が異なる媒体で、類似した傾向を示すものがある。母語話者児童向け読Kと一般向けのNWの名詞や動詞の構成は、非母語話者向けに「調整された日本語」の性質に近づいている。NWが同じく一般向けの西普とは異なる品詞構成をとる要因としては、NWが書き言葉として書かれたというよりも、映像を伴った音声言語として伝えるために生じたという背景による影響があると考えられる。

<表2>　「調整された日本語」記事における各媒体の品詞構成率　（1記事当たり：%）

	非母語話者向け		母語話者児童向け			一般向け	
	NWE	西や	朝小	毎小	読K	NW	西普
名詞	24 / 34 / 48	21 / 35 / 48	30 / 47 / 62	33 / 45 / 57	31 / 40 / 59	29 / 39 / 61	34 / 47 / 65
助詞	23 / 31 / 39	22 / 30 / 37	17 / 25 / 35	20 / 26 / 38	22 / 28 / 37	18 / 30 / 36	17 / 27 / 33
動詞	8 / 15 / 22	5 / 13 / 20	3 / 10 / 17	4 / 11 / 17	7 / 12 / 18	7 / 13 / 16	4 / 11 / 17
助動詞	7 / 11 / 18	7 / 13 / 19	5 / 9 / 19	5 / 9 / 16	5 / 10 / 17	4 / 8 / 12	1 / 5 / 12
接尾辞	0 / 3 / 8	0 / 3 / 9	0 / 4 / 11	0 / 4 / 13	0 / 4 / 11	1 / 4 / 8	1 / 5 / 12
形容詞	0 / 2 / 6	0 / 2 / 6	0 / 0 / 3	0 / 1 / 3	0 / 1 / 4	0 / 1 / 4	0 / 1 / 3
その他	1 / 4 / 9	1 / 4 / 9	0 / 2 / 7	0 / 2 / 7	1 / 3 / 10	1 / 3 / 6	1 / 4 / 9

(枠内数字＝「最小値 / 中央値 / 最大値」)

名詞

	NWE	西や	朝小	毎小	読K	NW	西普
NWE			●	●	●	●	●
西や			●	●	●	●	●
朝小	○	○				○	
毎小	○	○				○	
読K	○	○					●
NW	○	○	●	●			●
西普	○	○			○	○	

助詞

	NWE	西や	朝小	毎小	読K	NW	西普
NWE			○	○	○		○
西や			○	○	○		○
朝小	●	●				●	●
毎小	●	●				●	●
読K	●	●				●	
NW			○	○	○		○
西普	●	●				●	

動詞

	NWE	西や	朝小	毎小	読K	NW	西普
NWE		○	○	○	○	○	○
西や	●		○	○			○
朝小	●	●			●	●	
毎小	●	●			●	●	
読K	●		○	○			○
NW	●		○	○			○
西普	●	●			●	●	

助動詞

	NWE	西や	朝小	毎小	読K	NW	西普
NWE		●	○	○	○	○	○
西や	○		○	○	○	○	○
朝小	●	●				○	○
毎小	●	●				○	○
読K	●	●				○	○
NW	●	●	●	●	●		○
西普	●	●	●	●	●	●	

接尾辞

	NWE	西や	朝小	毎小	読K	NW	西普
NWE			●	●	●	●	●
西や			●	●	●	●	●
朝小	○	○					
毎小	○	○					
読K	○	○					●
NW	○	○					●
西普	○	○			○	○	

形容詞

	NWE	西や	朝小	毎小	読K	NW	西普
NWE			○	○	○	○	○
西や			○	○	○	○	○
朝小	●	●					●
毎小	●	●					
読K	●	●					
NW	●	●					
西普	●	●	○				

<図1>　媒体別品詞構成率の有意差の有無 (○＝有意に多い、● ＝有意に少ない、印なし＝有意差なし)

3.2 品詞構成率から見た「調整された日本語」の文体的特徴

　本節では、品詞構成率から「調整された日本語」の文体的特徴を見る。図2に示すのは、樺島・寿岳 (1965) に基づき、各種テクストの品詞構成率の散布図に傾向線を付した図 (伊藤, 2017, 45) に、本稿の対象資料の数値を加えて作図し直したものである。「調整された日本語」を含む、すべての資料は、樺島・寿岳 (1965) が対象とした各種テクストの品詞構成率の傾向線上に位置づけられ、どのような素材テクストでも「名詞Nの比率がわかれば、他の品詞グループの比率もだいたい見当がつく」(伊藤, 2017, 46) という分析は「調整された日本語」においても成立することがわかる。

　伊藤 (2017) は樺島・寿岳 (1965) の対象テクストのうち、談話語のみ話し言葉的文体であり、その他は書き言葉的文体だとしている。また、名詞 (N) が多く、動詞と形容詞類 (M) が少なく、感動詞類 (I) がほぼないのは要約的文章であり、Nが少なく、Mが多く、Iがとても少ないのが描写的文章だとしている (伊藤, 2017)。「調整された日本語」を含む本稿の対象資料は、伊藤 (2017) に基づけば、映像ニュースのあるNWを含め、図2に示すようにすべて書き言葉的文体であるが、名詞率の違いから、非母語話者向けの西や、NWEは比較的描写的文章であり、名詞率の高い朝小、西普、毎小は要約的文章だと言える。

　先述のとおり、NWEと西やはNWと西普から書き換えられた記事で、表1に示したように、記事長は書き換えにより短くなっている。同じ内容について書き換えられた文章が短くなれば、要約的な文章かと推測されるが、品詞構成から見た文体的特徴では、逆の結果となっている。これは、両者の書き換えでは内容の変更も生じていることによる。たとえばNWEへの書き換えでは、リード文が除

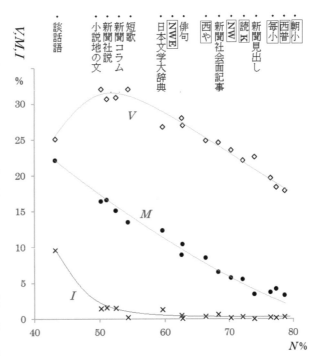

<図2>　樺島・寿岳 (1965) の各種テクストと本研究の対象資料の品詞構成率

（図の V, M, I の点は上記の V, M, I 構成率で、囲みは本研究の対象資料を示す）

かれ、重要でない情報を削除する等の処理 (田中他, 2013) がなされている。

　実際にNWE名詞 13 語 (1a)、NW 名詞 20 語 (1b) の例[18]を見ると、冒頭部分の (1a)「プラスチックのごみを減らすことが大切になっています」は書き換え前の (1b)「プラスチックごみの削減に関心が高まる」よりも長く、「大切になっている」ことの根拠も不明なのに対し、(1b) では、それが「関心が高まる」ことによると示されていることから、短く内容が凝縮された (1b) が要約的である。後半では (1b) にある「食器用や洗濯用」「量り売り」等の情報が (1a) への書き換えで消えているが、(1a) も内容の核は捉えられている。しかし、ここで議論されているのは、数で文体の個性を捉えることであり、名詞の多用により内容が凝縮されている点において、(1b) は後半部分を含めても (1a) よりも要約的文章であるとの解釈は妥当である。

(1a) プラスチックのごみを減らすことが大切になっています。コンビニのローソンは東京都にある 2 つの店で、洗剤を客が持ってきた入れ物に入れて売る実験を始めました。

(1b) プラスチックごみの削減に関心が高まる中、コンビニ大手のローソンは、食器用や洗濯用の洗剤を客が持参した「マイボトル」に詰めて、量り売りする新たな取り組みを東京都内で試験的に始めました。

　続いて、MVRの値によって文章が「ありさま描写的」であるか「動き描写的」であるかを見る。対象資料 1 記事ごとのMVR値を求めた結果を図 3、その有意差の有無を図 4 に示す。「調整された日本語」のうち、非母語話者向け文章は有意にMVR値が大きく、数値上、母語話者児童向け「調整された日本語」、一般向けと比べ、ありさま描写的である。

---

18) (1a) は NWE 2020/8/27/17:45「「プラスチックごみを減らす」客の入れ物に入れて洗剤を売る」、(1b) は NW 2020/8/26 17:28「ローソン 洗剤の量り売り始める プラスチックごみ削減へ」からの引用。本稿での例文はルビ、空白、改行を省いている。下線は名詞で、本稿例文内における下線等の強調はすべて筆者による。

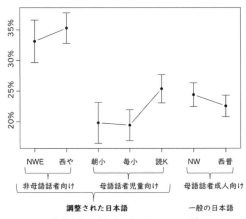

	NWE	西や	朝小	毎小	読K	NW	西普
NWE			○	○	○	○	○
西や			○	○	○	○	○
朝小	●	●			●		
毎小	●	●			●		
読K	●	●	○	○			
NW	●	●					
西普	●	●					

<図3> 媒体別、対象者別に見るMVR値   <図4> 媒体別MVR値の有意差の有無

(○＝有意に多い、●＝有意に少ない、印なし＝有意差なし)

以下 (2a) 〜 (4) で、MVR値の大きい文章の例と小さい文章の例を確認する[19]。

(2a) に示すのは、すべての記事の中で最もMVRの値が高かった西やからの記事で、V6、M7 (形容詞・形状詞5、副詞1、連体詞1) で、MVRは117%である。MVRが100%を超えるのは (2a) のみであり、(2a) は西普のMVR 14%、MVR 9% (2b) の2本の記事から書き換えられたものである。次いでMVR値が高いのは (3) に示すNWEのV21、M20 の95%で、書き換え元のNWのMVRは48%である。反対に、形容詞・形状詞、副詞、連体詞の使用がまったくなく、MVRが0%の記事は朝小18記事、毎小3記事、読K2記事、西普1記事あった。(4) は朝小のMVR 0%の記事の例である。

MVRの値が0%の (4) ではおおむね事実のみを述べている点で、動き描写的文章であるとすることができる。MVR値が大きい (3) は「赤い」「大きく」などありさま描写的とも言えるようなMの使用があるが、(2a) では「新しい」「同じ」など、事実の伝達にとどまるような印象もあり、使用されるMの種類の違いにより、ありさま描写的と受け取られやすい文章と言えるか否かが関係しているように思われる。朝小にMVR 0%の記事が多いのは、表1に示したように朝小の記事長は「調整された日本語」の中でも特に短いためで、最小限の語数で時事を伝えることが、結果的に動き描写的文章をとることにつながったのだと考えられる。

---

19) (2a) は西や2020/9/17 20:30「【やさしい日本語】菅義偉 (すが・よしひで) さんが 日本 (にっぽん) の 新 (あたら) しい 総理大臣 (そうりだいじん) になった」、(2b) は西普 2020/9/16 20:25「菅内閣発足、第99代首相に選出」、(3) は NWE 2020/10/8 17:45「火星が地球に近くなって明るく見える」、(4) は朝小 2020/10/15「米製薬会社、ワクチン治験中断　参加者に『説明のつかない病気』」からの引用。例文の下線はM、囲みはVを意味する。

(2a) 9月16日、日本の新しい総理大臣が国会の選挙で 決まり ました。自民党の菅義偉（すが・よしひで）さん（71歳）です。菅さんは秋田県の出身です。同じ日に、いろいろな大臣が 決まっ て新しい内閣も でき ました。菅さんは記者会見で「一番大事な課題は新しいコロナウイルスのことです」と 話し ました。前に日本の総理大臣が 変わっ たのは2012年12月でした。前の総理大臣の安倍晋三さんは、総理大臣を7年8カ月の間、続け ました。菅さんは99番目の総理大臣です。

(2b) 自民党の菅義偉総裁（71）は16日午後、衆参両院本会議での首相指名選挙で第99代首相に選出 さ れた。夜の皇居での首相任命式と閣僚認証式を 経 て自民、公明両党連立に よる 菅内閣が発足 し た。菅首相は記者会見で「最優先の課題は新型コロナウイルス対策だ」と表明。加藤勝信官房長官（64）は閣僚名簿を発表 し 、河野太郎防衛相（57）を行政改革・規制改革担当相、安倍晋三前首相（65）の実弟の岸信夫元外務副大臣（61）を防衛相に 充て た。首相は会見で「安倍政権の取り組みをしっかり継承 し 、前に 進め て いく ことが私の使命だ」と強調。「アベノミクスを継承 する 」と 訴え た。

(3) 火星は、地球の隣に ある 太陽の惑星で、地球と 同じ ように太陽のまわりを 回っ て い ます。回る のに かかる 時間が 違う ため、地球と火星は近く なっ たり遠く なっ たり し ます。火星は、6日午後11時すぎに地球にいちばん 近く なり ました。地球と火星の間は6200万kmでした。NHKが国立天文台の望遠鏡に8Kカメラを 付け て 撮る と、少し 赤い色の火星が大きく 見え ました。火星の南側の半分には黒い模様も薄く 見え ました。いちばん南の近くに ある ドライアイスで でき た白い所も 見え ました。火星はこれから1か月以上の間、明るく 見え ます。そのあと地球と火星は少しずつ遠く なっ て いき ます。次に火星が今と同じぐらい地球に近く なる のは2033年です。

(4) アメリカ（米国）の製薬会社大手「ジョンソン・エンド・ジョンソン（J&J）」が、最終段階に 入っ て い た新型コロナウイルスのワクチンの臨床試験（治験）を一時中断 し ました。J&Jは12日、「説明の つか ない病気が参加者に 出 たため」と発表 し ました。J&Jは9月下旬、米国などで最大6万人を対象と し た最終治験を 始め ました。日本での治験も中断 し ました。

4. 語種から見た「調整された日本語」

4.1 語種から見た「調整された日本語」の語彙

　本節では、対象資料で用いられた語彙の語種の分布を見る（表3、図5、図6）。語種の比率を求めるにあたり、固有名詞は除かれることが多いが、ここでは、和語、漢語、外来語、混種語に加え、固有名詞を語の出自にかかわらず、固有名詞として集計することとする。これは、語種を語の種類と捉えれば、固有名詞の比率も語彙の構造における特徴を見ることにつながると考えるためである。

　表3に示すように、いずれの資料も、和語、漢語の順に多く、2種の語種の使用率が全体の9割強を占めるが、その比率は異なる。非母語話者を主対象とするNWEと西やでは和語率が平均70%強で、単独の記事を見ても50%を切るものがないなど、安定的に高い比率である。他方、母語話者児童向けの3紙は、一般向けと比べても和語率が高いとは言えず、むしろ、朝小は一般の日本語媒体である西普と同様に和語率は相対的に低い。

　こうした、非母語話者向けの「調整された日本語」では和語率が突出して高く、漢語率が低いという現象は図5の各資料における語種別の出現率の図でも示されている。そして、品詞の分布で先に確認したのと同じく、語種についても、図5に見るように、読KとNWは出現率が近い。また、図6の和語の有意差の一覧は図1の名詞の一覧と正反対で、漢語の有意差は名詞と完全に合致する。つまり、名詞の出現率の高さは和語率を低め、漢語率を高めることに直結しており、名詞は高い比率で漢語が使われていることがわかる。

＜表3＞　「調整された日本語」記事における各媒体の語種構成率（1記事当たり：%）

	非母語話者向け		母語話者児童向け			一般向け	
	NEW	西や	朝小	毎小	読K	NW	西普
和語	58 / 72 / 87	54 / 73 / 88	38 / 55 / 75	41 / 57 / 72	43 / 62 / 84	40 / 62 / 75	29 / 55 / 72
漢語	9 / 21 / 37	7 / 19 / 35	19 / 36 / 59	22 / 34 / 52	16 / 30 / 52	20 / 32 / 55	20 / 36 / 59
外来語	0 / 4 / 10	0 / 3 / 14	0 / 4 / 16	0 / 3 / 14	0 / 3 / 13	0 / 3 / 9	0 / 4 / 22
混種語	0 / 0 / 3	0 / 1 / 4	0 / 1 / 4	0 / 1 / 3	0 / 1 / 5	0 / 1 / 2	0 / 1 / 5
固有名詞	0 / 3 / 9	0 / 4 / 13	0 / 4 / 15	0 / 5 / 12	0 / 4 / 12	0 / 2 / 8	1 / 5 / 11

（枠内数字＝「最小値／中央値／最大値」）

近藤めぐみ

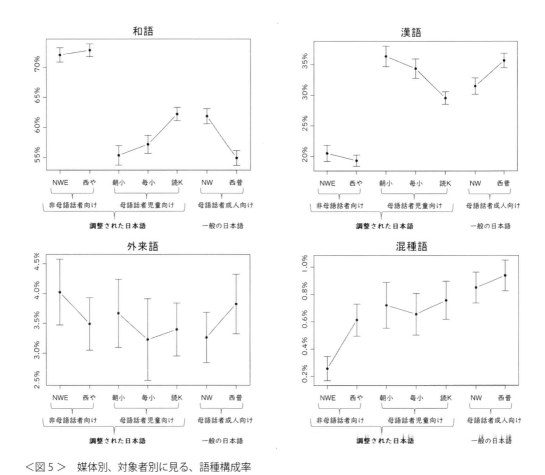

<図5> 媒体別、対象者別に見る、語種構成率

　また外来語、混種語、固有名詞の出現率は低いが、それぞれに特徴が見られる。外来語は図5、図6に示すように、7種の資料すべてで類似した傾向があり、品詞、語種すべての分類において、唯一、分散分析で主効果が認められなかった。日本語教育において、外来語は習得の困難さが指摘されている (飯田, 2016) 要素ではあるが、時事を伝える目的で使われる非母語話者向けの「調整された日本語」における外来語使用は、母語話者児童向け、一般の日本語と比べても決して少ないとは言えないことがわかる。しかしながら、書き換えがなされたNWとNWE、西普と西やを比較すると、NWからNWEへは書き換えで外来語率が上がる一方、西普からの書き換えでは外来語率が下がること、西やでは外来語の出現率が語種全体から見て相対的に低いことから、外来語は、一語一語の語としての難度ではなく、外来語という大きな捉え方で使用を控えるか否かの判断がなされている可能性がある。

146

和語

	NWE	西や	朝小	毎小	読K	NW	西普
NWE			○	○	○	○	○
西や			○	○	○	○	○
朝小	●	●			●	●	
毎小	●	●			●	●	
読K	●	●	○	○			○
NW	●	●	○	○			○
西普	●	●			●	●	

漢語

	NWE	西や	朝小	毎小	読K	NW	西普
NWE			●	●	●	●	●
西や			●	●	●	●	●
朝小	○	○					
毎小	○	○					
読K	○	○	●	●			●
NW	○	○	●	●			●
西普	○	○	○	○		●	

外来語

	NWE	西や	朝小	毎小	読K	NW	西普
NWE							
西や							
朝小							
毎小							
読K							
NW							
西普							

混種語

	NWE	西や	朝小	毎小	読K	NW	西普
NWE		●	●	●	●	●	●
西や	○						●
朝小	○						
毎小	○						
読K	○						
NW	○						
西普	○	○					

固有名詞

	NWE	西や	朝小	毎小	読K	NW	西普
NWE				●			●
西や						○	
朝小						○	
毎小	○						
読K						○	
NW		●	●	●	●		●
西普	○					○	

＜図6＞　媒体別語種構成率の有意差の有無（○＝有意に多い、●＝有意に少ない、印なし＝有意差なし）

　混種語は図5、図6に示すように、NWEが相対的に少なく、西やも西普と比較して有意に少ないが、これは母語話者成人向けの「調整されていない」日本語では、使用される語の異なり語数が多く、結果的に湯桶読み、重箱読みの熟語に加え、「絵付け」「ポリ袋」「なにぶん」などの語も少なからず用いられているためである。非母語話者向けのNWE、西やでは、分解可能な語が難度の低い語に置き換えられた結果、混種語の出現は限定的となる。

　固有名詞の使用率は、NWが有意に低く、NWEを含めたNHKが相対的に低い。また、西普と毎小は相対的に高い。ただし、この違いは対象者よりも、それぞれの資料の性質によるところが大きい。西普で固有名詞が多く用いられる背景には、西日本新聞が九州地方の地方紙である点が影響していると考えられる。西普の、たとえばイベントを扱った記事では、詳

細な地名とともに、企画者、主催者、インタビュー回答者などもフルネームで載るなど、固有名詞の使用が目立つ。そうした固有名詞を含む詳しい内容は、西やへの書き換えで削られることも少なくなく、結果的に西やでの固有名詞率の減少につながっている。また、母語話者児童向けの毎小、朝小、読Kにおいてはさほどの有意差は見られないが、これらが表1に示したように比較的短い文章で書かれていることを考慮すれば、短い文章の中でも固有名詞率が決して低くならないことは、これらの媒体が具体的に書かれているということにほかならず、この点は母語話者児童向け「調整された日本語」の一つの特徴とも言えるだろう。

4.2　語種比率から見た「調整された日本語」の文体的特徴

　本節では、和語語種率 (RJF) により、文体の硬さを求める。本稿の対象資料では、和語率は表4に示すように大きな媒体差が見られたものの、RJFはおおむね92〜94%とほぼ安定した数値となり、いずれも90%を超え、「やわらかい文体」である。時事を伝える記事には、たとえば3.2項の (2b) に示したような、漢字連続が目立つ、やわらかい文章には見え難いものも存在する。しかし、(2b) を見れば、漢字によって表記される語の多くがRJFで除外されている名詞であり、固有名詞も少なくない。

〈表4〉　和語語種率 (RJF) と資料全体の和語率

	非母語話者向け		母語話者児童向け			一般向け	
	NEW	西や	朝小	毎小	読K	NW	西普
RJF	93.7%	93.1%	93.9%	93.9%	94.2%	92.4%	92.9%
和語率	72.1%	72.8%	55.4%	57.2%	62.2%	61.9%	55.0%

　仮にRJFの和語語種率に従わず、和語が品詞を問わず文体をやわらかくする因子であり、非和語 (漢語・外来語・混種語) が文体を硬くする因子であるとすれば、「調整された日本語」のうち、和語率の高い非母語話者向け文章をやわらかくしている因子は名詞であり、母語話者児童向け「調整された日本語」や一般向けの文章を硬くしている因子も名詞であるとの解釈が成り立つ。しかし、名詞の語種が文体に及ぼす硬さを考えるにあたっては、固有名詞を語種別に論じる意義や、「今年」と「来年」など同列に扱われる語種の異なる語など、一概に語種で論じるのは困難であり、慎重な議論が必要となる。少なくとも本稿が対象としたニュース・時事という同一ジャンルにおいては、名詞を除く動詞、形容詞、形容動詞 (形状詞)、副詞等は、「調整された日本語」か否か、あるいは誰に対する調整かにかかわらず、文

体の硬さに大きな影響を及ぼしていないと考えられる。

5. おわりに

　本研究では、非母語話者向けおよび母語話者児童向けの「調整された日本語」の構造について、品詞および語種の比率に基づき、語彙と文体的特徴を検討した。

　語彙的な側面で見れば、「調整された日本語」のうち、非母語話者向け文章は一般の母語話者成人向けの文章とは有意に異なる傾向を見せ、品詞では動詞が、語種では和語が多い傾向にある。一方で母語話者児童向けの「調整された日本語」は母語話者成人向けの文章と語構成の面では大きな特徴は見られなかった。しかし、語種のうち、非母語話者向け文章において和語が多いという特徴は名詞に限られ、RJFに基づく文章の硬さの判定ではいずれの資料でも大きな差は見られず、「やわらかい文体」である「和語文体」であるとされる。

　また、MVRに基づく文章の判定では、母語話者児童向けや一般成人向け文章が要約的文章に近く、非母語話者向けの「調整された日本語」では数の面から相対的に動き描写的文章よりもありさま描写的文章であると判断できる。しかし、RJFに基づく文章の硬さの判定やMVRに基づく要約的文章、描写的文章の判定は実際の文章に基づいた検討の余地がある。

　日本語教育と国語教育が目指す日本語使用は、その目標においては近いものの、実際にそれらの対象者向けに書かれている文章は非母語話者向けと母語話者児童向けとではその構造が異なることがわかった。その実態をもとに、いかなる知識や技能を身につければ「実際に使える」「現実社会で活かせる」ことになるのか、今後の検討が望まれる。

参考文献

飯田明美 (2016).「日本語教育内におけるカタカナ外来語教育の現状と問題点」『武蔵野短期大学研究紀要』30, 161-169. 武蔵野短期大学.

伊藤雅光 (2017).「文章・文体」計量国語学会 (編),『データで学ぶ日本語学入門』45-55. 朝倉書店.

樺島忠夫・寿岳章子 (1965).『文体の科学』綜芸舎.

佐藤和之 (1999).「災害時に外国人にも伝えるべき情報」『月刊言語』28 (8), 32-41. 大修館書店.

田島ますみ・深田淳・佐藤尚子 (2008).「語彙多様性を表す指標の妥当性に関する研究—日本人大学生の書き言葉コーパスの場合—」『中央学院大学社会システム研究所紀要』9 (1), 51-62. 中央学院大学社会システム研究所.

近藤めぐみ

田中英輝・美野秀弥 (2011).「『やさしい日本語』ニュースの理解度テスト―ニュースのための『やさしい日本語』の設計に向けて―」『電子情報通信学会技術研究報告』111 (227), 1-6. 電子情報通信学会.

田中英輝・美野秀弥・越智慎司・柴田元也 (2012).「やさしい日本語ニュースの公開実験サイト『NEWS WEB EASY』の評価実験」『情報処理学会研究会報告』2012 (9), 1-9. 情報処理学会.

田中英輝・美野秀弥・越智慎司・柴田元也 (2013).「『やさしい日本語』による情報提供」庵功雄・イ・ヨンスク・森篤嗣 (編),『「やさしい日本語」は何を目指すか―多文化共生社会を実現するために―』31-57. ココ出版.

伝康晴・山田篤・小椋秀樹・小磯花絵・小木曽智信 (2008).「UniDic version 1.3.9 ユーザーズマニュアル」[https://clrd.ninjal.ac.jp/unidic/UNIDIC_manual.pdf] (2023年3月23日検索).

中尾桂子 (2010).「品詞構成率に基づくテキスト分析の可能性―メール自己紹介文、小説、作文、名大コーパスの比較から―」『大妻女子大学紀要』42, 128-101. 大妻女子大学.

蓮井理恵 (2014).「動詞・副詞・形容語の『和語対非和語語種比率』(RJF) による現代日本語文体の計量的比較考察」『学習院大学国語国文学会誌』57, 94-75. 学習院大学国語国文学会.

村木新次郎 (2012).「日本語の品詞体系のみなおし―形式重視の文法から意味・機能重視の文法へ―」『日本語の品詞体系とその周辺』31-47. ひつじ書房.

文部科学省 (2017).「国語」『小学校学習指導要領』14-29. 文部科学省.

山田敏弘 (2004).『国語教師が知っておきたい日本語文法』くろしお出版.

彙報

事 務 局
◆ 2022 年度活動報告
(1) 研究例会

2022 年度は 3 回の研究例会を開催した。

第 1 回

開催日時：2022 年 6 月 25 日 (土)13:30 〜 18:00

オンライン開催

第 2 回

開催日時：2023 年 1 月 7 日 (土)13:30 〜 17:50

会場：京都外国語大学 873 教室

ハイブリッド開催

第 3 回 (春合宿)

開催日時：2023 年 3 月 25 日 (土)〜 26 日 (日)

会場：京都エミナース

(2) JALP & 日本語音声コミュニケーション学会 ジョイント大会

開催日時：2022 年 10 月 8 日 (土)18:30 〜 21:00

オンライン開催

◆ 2023 年度活動計画

以下の日程で研究大会を開催する予定である。

2023 年度研究大会

開催日時：2023 年 8 月 8 日 (火)〜 9 日 (水)

会場：京都外国語大学　ハイブリッド開催

テーマ：「インターアクション教育をよりインターアクティブにするには」

ニューズレター
◆日本語プロフィシェンシー研究学会　ニューズレター第 12 号
2021 年度第 2 回研究例会
日時：2022 年 3 月 26 日 (土) 10:00 ～ 17:20 (日本時間)
場所：Zoom によるオンライン配信

▼プログラム
(午前の部)
10:00 ～ 10:10　会長挨拶　鎌田修会長
10:10 ～ 10:50　研究発表
　「初級学習者の日本語プロフィシェンシー向上のための短期オンライン日本留学プログラムのデザイン ―学習者のモチベーションを促進し、留学希望者を増やすためのオンライン教材の工夫と日本人学生との協働学習―」
　髙橋千代枝氏 (弘前大学)
10:50 ～ 11:50　ポスター発表 (ブレイクアウトルーム)
　1.「日本語学習者向け日本語モノリンガル辞書の開発報告 ―『ねっこ日日学習辞書』編集の裏側―」
　　尾沼玄也氏 (拓殖大学)、安田葵氏 (株式会社三修社)
　2.「日本語学校での文化体験活動の実践と省察 ―ある日本語教師へのインタビュー調査より―」
　　中川純花氏 (甲南大学)
　3.「聴解コーパスを利用した日本語学習者の聴解ストラテジー使用実態」
　　阪上彩子氏 (立命館大学)
　4.「日本語教育におけるユニバーサルデザイン (UD) の提案 ―地域日本語教育の立場から―」
　　横山りえこ氏 (早稲田大学)

(午後の部)
12:50 ～ 13:50　講演
　「リフレクシブな理解に基づく質的研究とは」
　中井好男氏 (大阪大学)
13:50 ～ 15:30　ワークショップ
　「プロフィシェンシーをリフレクシブに考える」
　中井好男氏 (大阪大学)、中山亜紀子氏 (広島大学)
15:40 ～ 17:10　OPI ブラッシュアップセッション
　「教育現場で、OPI の考え方を活かすために」
　嶋田和子氏 (アクラス日本語教育研究所 代表理事・OPI トレーナー)

◆日本語プロフィシェンシー研究学会　ニューズレター第 **13** 号

2022 年度第 1 回研究例会・総会

日時：2022 年 6 月 25 日 (土)13：30 ～ 18：00 (日本時間)

場所：Zoom によるオンライン配信

▼プログラム：

13:30 ～ 13:40　会長挨拶　鎌田修会長

13:40 ～ 15:10　ブラッシュアップセッション

　「小さなタネを育てよう！　～ OPI の考え方を応用した実践＆アイデア交換会～」

15:20 ～ 16:00　研究発表

　「臨床場面記録の検証過程で見えたこと　教育者への聞き取りより」

　西川寛之氏 (明海大学)

16:10 ～ 17:40　講演

　「VR からメタバースへ～ポストコロナ時代の語学教育」

　矢野浩二郎氏 (大阪工業大学)

17:40 ～ 18:00　総会

◆日本語プロフィシェンシー研究学会　ニューズレター第 **14** 号

日本語音声コミュニケーション学会・日本語プロフィシェンシー研究学会共催 2022 年度
「面白い話」をめぐる研究集会

日時：2022 年 10 月 8 日 (土)18:30 ～ 21:00

場所：Zoom によるオンライン配信

▼プログラム

18:30 ～　開会あいさつ・諸注意

　　　　　日本語音声コミュニケーション学会　代表理事　松田真希子氏

(登壇者)

18:40 ～「テーマと配置」定延利之氏 (京都大学)

19:00 ～「国際共修授業『おもしろい話とことば』」宿利由希子氏 (東北大学)

19:20 ～「おもしろい話を成立させる関係性の問題について」瀬沼文彰氏 (西武文理大学)

19:45 ～「笑いの談話展開の東西差」日高水穂氏 (関西大学)

20:05 ～「日本人英語学習者におけるジョークのプロフィシェンシーについて」

　　　　ヴォーゲ・ヨーラン氏 (神戸女学院大学)

20:25 ～「談話標識が示す構造と心」山口治彦氏 (神戸市外国語大学)

20:45 ～　総合討論

20:55 ～　閉会のことば

　　　　　日本語プロフィシェンシー研究学会　鎌田修会長

彙報

2022 年度第 2 回研究例会
日時：2023 年 1 月 7 日 (土)
場所：京都外国語大学　873 教室
形式：対面と Zoom によるオンライン配信のハイブリッド開催

▼プログラム
13:30 〜 13:40　会長挨拶　鎌田修会長
13:40 〜 15:10　講演
　「L2 使用者の自己成長とプロフィシェンシー ―複線経路等至性アプローチ (TEA) を用いて―」
　奥野由紀子氏 (東京都立大学)
15:20 〜 16:00　研究発表
　「中国人日本語学習者の句読点使用に関する分析―中国語の『流水文』の日中対照―」
　劉梅竹氏 (京都外国語大学)
16:10 〜 17:40　OPI ブラッシュアップセッション
　「OPI コーパスの活用方法を考えよう！〜『住みやすい国コーパス』を題材として〜」
　上谷崇之氏 (大阪日本語学院)

◆日本語プロフィシェンシー研究学会　ニューズレター第 15 号（最終号）
2022 年度第 0 回研究例会
日時：3 月 25 日 (土) 〜 26 日 (日)
場所：ホテル京都エミナース

▼プログラム
3 月 25 日 (土)
13:00 〜 13:10　開会式・会長挨拶　鎌田修会長
特別企画ワークショップ
　「教育実践をプロフィシェンシー研究に：アチーブメントからプロフィシェンシーへの
　ボトムアップ的飛躍」
ワークショップ世話人 (五十音順)：
伊東克洋氏 (東京外国語大学)、奥野由紀子氏 (東京都立大学)、
嶋田和子氏 (アクラス日本語教育研究所)、住田哲郎氏 (京都精華大学)、
髙橋千代枝氏 (弘前大学)、中井好男氏 (大阪大学)、舩橋瑞貴氏 (日本大学)

13:10 〜 13:20　ワークショップ趣旨説明　由井紀久子氏
13:20 〜 14:45　プレ・ワークショップ　座長：鎌田修氏
15:00 〜 16:00　ワークショップ (1)　問題の洗い出しと課題の共有
16:00 〜 17:30　ワークショップ (2)　日本語プロフィシェンシー研究への昇華
17:30 〜 17:40　連絡事項

3 月 26 日（日）
9:15 〜 9:45　　ワークショップ (3)　発表準備
9:45 〜 11:15　　ワークショップ (4)　リサーチデザイン案の発表
11:25 〜 11:55　研究発表
　「第 2 言語による制約を補う方略の可能性―日本語学習者の文章を対象に―」
　　遠山千佳氏・大島弥生氏・三井久美子氏 (立命館大学)
11:55 〜 12:10　ワークショップ総括　中井陽子氏 (東京外国語大学教授)
12:20 〜 12:30　臨時総会

ブラッシュアップセッション検討委員会

◆ 2022 年度　第 1 回研究例会
「小さなタネを育てよう！〜 OPI の考え方を応用した実践＆アイデア交換会〜」

▼ 趣旨
参加者各自がそれぞれの現場で行っている「OPI の考え方を生かした教育実践」の共有を目的として、アイデア交換会とグループ・ディスカッションを行った。

▼ 概要
進行役を務めたブラッシュアップ検討委員より、「OPI の考え方を活かしたアイデア例」を紹介した後で、各グループに分かれ、参加者各自が実践している「小さなアイデアや試み」または「現場の制約の中で工夫していること」を共有するアイデア交換会を行った。具体的な授業活動の方法から、教師の心がまえに関するものまで、様々なアイデアが挙げられ、活発な議論が行われた。

◆ 2022 年度 第 2 回研究例会
「OPI コーパスの活用方法を考えよう！〜『住みやすい国コーパス』を題材として〜」

▼ 趣旨
「住みやすい国コーパス」の中にある意見文データを題材にして、そのデータの教育現場での活用方法を考えるグループワークを行い、アイデアを共有する、という活動を行った。

▼ 概要
「住みやすい国コーパス」とは、ミュンヘン大学の村田裕美子先生が研究代表者として、日本語学習者の話し言葉と書き言葉のサンプルを集めたデータであり、書き言葉のデータには「住みやすい国の条件と理由」というトピックで書かれた意見文のデータが公開されている (https://sumiyasui.jpn.org/)。

本セッションでは、コーパスについての紹介を行った後で、書き言葉コーパスの意見文データを研究や教育の現場においてどのように活用できるか、その方法を考えるグループ・ワークを行った。作文授業の意見文サンプルとして利用する方法や、作文評価について考える教師研修の題材として使用する方法など、様々な具体的なアイデアが共有された。

学会誌編集委員会

● 学会誌編集委員会の名称について

当委員会の名称は、これまで「ジャーナル編集委員会」でしたが、2022年度総会での議決を受け「学会誌編集委員会」に変わりました。

●『日本語プロフィシェンシー研究』第11号　投稿状況

『日本語プロフィシェンシー研究』第11号（本号）は、2022年9月4日の締め切り時点で投稿が2本だったことから期限を11月3日まで延長し、その結果11本の投稿（研究論文8本、実践報告3本）となり、そのうち4本が採用となりました。なお、第11号より定期的に特集を組むこととなり、「日本語を読み解く力のために」というテーマの下、4本の論文が寄せられました。その結果、全体では8本の論文数となりました。

●『日本語プロフィシェンシー研究』第12号投稿論文の募集について

日本語プロフィシェンシー研究学会では、研究誌『日本語プロフィシェンシー研究』第12号を2024年8月に発行します。第12号の投稿論文は、2023年5月20日にメーリングリストで原稿募集の第1回案内を出し、8月初旬に第2回案内と共に、『日本語プロフィシェンシー研究』第12号の投稿要領、投稿手続きの詳細等、具体的な情報をメーリングリストと研究学会ホームページでお知らせする予定です。ふるってご応募ください。

●『日本語プロフィシェンシー研究』第11号の配布について

日本語プロフィシェンシー研究学会では、会費を納入した年度より、年次大会での発表応募や学会誌『日本語プロフィシェンシー研究』への投稿権利が得られます。また、会費を納入した翌年度に発行される学会誌を1冊お受け取りいただけます。

会計

2022 年度の会計支出は、当研究学会の運営費用、研究例会開催費用、学会誌発行・送付費用等でした (詳細報告は 2023 年 8 月総会で行います)。当研究学会では会員様からの年会費を活動資金とさせていただいております。ご理解を賜り、年会費納入にご協力くださいますようお願いいたします。

●会費納入方法
年会費：3000 円 (4 月始まりの 1 年間)
口座：三菱 UFJ 銀行　八戸ノ里支店　店番 236
ニホンゴプロフイシエンシーケンキユウガツカイ　サカウエアヤコ
(日本語プロフィシェンシー研究学会　阪上彩子)
口座番号：0032175

お振込の際、以下のような場合は、お手数ですが、kaikei@proficiency.jp までご連絡ください。
  (1) 振込人 (引落口座) のお名前がご本人と異なる場合
  (2) 領収書が必要な場合

年会費の支払い状況についてご不明の場合は、kaiin@proficiency.jp までお問い合わせください。

『日本語プロフィシェンシー研究』バックナンバー

『日本語プロフィシェンシー研究』 創刊号
【寄稿】

鎌田修　　　「プロフィシェンシーとは」

嶋田和子　　「教師教育とプロフィシェンシー
　　　　　　　　―OPIを「教師力アップ」にいかす―」

伊東祐郎　　「評価とプロフィシェンシー」

由井紀久子「ライティングのプロフィシェンシー向上を目指した日本語教育教材」

川口義一　　「プロフィシェンシーと対話
　　　　　　　　―プロフィシェンシー言語教育における教室の位置づけ」

齊藤あづさ・榊原芳美
　　　　　　「短期留学における自律学習と協働学習の試み
　　　　　　　　―笑顔と達成感をめざして―」

【研究論文】

坂口昌子　　「日本語母語話者に対する日本語教育
　　　　　　　　―話すことに関しての教育効果―」

【展望論文】

麻生迪子　　「処理水準仮説に基づく未知語語彙学習
　　　　　　　　―韓国人日本語学習者を対象に―」

【調査報告・展望論文】

萩原孝恵　　「依頼場面の談話分析
　　　　　　　　―タイ人日本語学習者は借りたDVDの返却日をどう延ばすか―」

【実践報告】

木村かおり「多文化社会における異文化間言語学習能力を考える
　　　　　　　　―おにぎりプロジェクトをとおして―」

『日本語プロフィシェンシー研究』 第2号
【特集】

野山広　　　「地域日本語教育とプロフィシェンシー」

野山広・森本郁代
　　　　　　「地域に定住する外国人に対するOPIの枠組みを活用した縦断調査の調査か
　　　　　　らみえてきたこと
　　　　　　　　―多人数による話し合い場面構築の可能性を探りながら―」

嶋田和子　　「定住外国人に対する縦断調査で見えてきたこと
　　　　　　　　―OPIを通して「自らの声を発すること」をめざす―」

岡田達也　　「基礎2級技能検定学科試験問題"テニヲハ"ノート」

櫻井千穂・中島和子
　　　　　　「多文化多言語環境に育つ子ども（CLD児）の読書力をどう捉え，どう育てるか
　　　　　　　　―対話型読書力評価（DRA）の開発を通して得た視座を中心に―」
新矢麻紀子「定住外国人のリテラシー獲得に向けた学習支援とプロフィシェンシー」
【書評】
堤良一　　　「趣旨説明：プロフィシェンシーを重視したテキスト」
白石佳和　　「cannot-do から can-do へ　―『できる日本語』と評価―」
佐久間みのり「『できる日本語』を通じた日本語学校における教室活動の再考
　　　　　　　　―プロフィシェンシーを重視した日本語教育現場の新たな可能性―」
奥野由紀子「『新・生きた素材で学ぶ中級から上級への日本語』
　　　　　　　　―実際の使用とワークブックの開発まで」
一条初枝　　「『「大学生」になるための日本語』は何を教えたか
　　　　　　　　―日本語学校の現場から―」

『日本語プロフィシェンシー研究　第3号』
【研究論文】
権藤早千葉・花田敦子
　　　　　　「日本語予備教育における定期的OPI実施が学習動機に与える影響
　　　　　　　　―学習者の発話データを基に―」
金庭久美子・金蘭美
　　　　　　「書き言葉の資料に見られる読み手配慮と文化的能力」
【研究ノート】
奥野由紀子・山森理恵
　　　　　　「「励まし」の手紙文における文末文体への教室指導
　　　　　　　　―「タスク中心の教授法(TBLT)」の観点を取り入れて―」
太田悠紀子「「ちょっと…」の機能と断り指導」

『日本語プロフィシェンシー研究　第4号』
【研究論文】
萩原孝恵・池谷清美
　　　　　　「集中的に舌打ちを発したタイ人日本語学習者の発話に関する一考察」
滝井未来　　「学習者の語りを通じて見る学習意欲とビリーフ変容
　　　　　　　　―タイ人学習者を取り巻く社会との関わりから―」
范一楠　　　「情報獲得の際の「そうですか」と「そうなんですか」」
村田晶子　　「社会的行為としてのOPIインタビュー活動の可能性」
高橋千代枝「日本語の発話行為「助言」の談話構造に関する一考察
　　　　　　　　―母語話者ロールプレイの会話分析から―」
麻生迪子　　「多義語派生義理解の知識源に関する考察
　　　　　　　　―韓国人日本語学習者を対象に―」
伊東克洋　　「非直接的フィードバックと自己訂正率
　　　　　　　　―初級日本語学習者によるコーパス分析の可能性―」

【研究ノート】

西部由佳・岩佐詩子・金庭久美子・萩原孝惠・水上由美・奥村圭子
　　　　「OPI における話題転換の方法
　　　　　―上級話者と中級話者に対するテスターの関わり方に着目して―」
安高紀子　「対話者とのやりとりの有無が談話構造に与える影響」
宮永愛子　「日本語学習者の雑談における協働的な語り
　　　　　―効果的な語りを行うために―」

【第 10 回国際 OPI シンポジウム】
パネルディスカッション　＜日本語教育に求められる多様なつながり＞
　　　　　鎌田修・春原憲一郎・定延利之・嶋田和子・大津由紀雄・當作靖彦
　　　　　研究発表要旨

『日本語プロフィシェンシー研究』　第 5 号

【寄稿論文】

山梨正明　「認知言語学と知の探求　―言語科学の新展開！―」
清水崇文　「語用論研究の知見に基づいたコミュニケーションスキルの指導」
山森理絵・鎌田修
　　　　「生素材の教材化、その楽しさと苦しさ―リスニング教材の作成を一例に―」

【研究論文】

嶋田和子　「スクリプトで評価すること」から見る言語教育観
　　　　　―「話の組み立て」と「文」のとらえ方―」

【JALP 「面白い話」研究プロジェクト共同開催】
　　　　「プロフィシェンシーと語りの面白さ」第 2 回研究集会
　　　　　定延利之・岩本和子・楢岡求美・林良子・金田純平・Gøran Vaage・三井久美
　　　　　子・鎌田修

『日本語プロフィシェンシー研究』　第 6 号

【寄稿論文】

鎌田修　「新生日本語プロフィシェンシー研究学会
　　　　　―その成り立ちと今後に寄せる期待―」
嶋田和子　「アブディン氏との OPI を通して学んだこと
　　　　　―見えるからこそ見えていない「大切なこと」―」
森篤嗣　「日本語能力の評価と測定
　　　　　―作文におけるパフォーマンス評価と質的評価・量的測定を例に―」

【研究論文】

木下謙朗　「形容表現におけるプロフィシェンシー
　　　　　―韓国語母語話者の縦断データに基づいて―」
大隈紀子・堀恵子「上・超級話者の発話を引き出すための談話展開と効果的な質問」

【JALP　これまでのあゆみ】
鎌田修・藤川多津子・岡田達也・服部和子・嶋田和子・和泉元千春
【2017 年度日本語プロフィシェンシー研究学会第 3 回例会　春合宿（京都嵐山「花のいえ」）】

研究発表要旨】
富岡史子・長谷川由香・東健太郎・舟橋宏代・渡辺祥子

『日本語プロフィシェンシー研究』 第7号

【寄稿論文】
坂本正　　　　「初級日本語教科書の練習問題をめぐって」
【研究論文】
李在鎬・伊東祐郎・鎌田修・坂本正・嶋田和子・西川寛之・野山広・六川雅彦・
由井紀久子　　「日本語口語能力テスト「JOPT」開発と予備調査」
金庭久美子・村田裕美子
　　　　　　　「「問い合わせ」のメール文におけるドイツ語母語話者の使用状況」
【調査報告】
濱畑靜香・持田祐美子
　　　　　　　「質問意図からみる「どう・どんな質問」の効果的な発話抽出方法の提案
　　　　　　　　　―OPIテスター訓練生のインタビューから―」
【研究ノート】
矢野和歌子　　「中国語母語話者及び韓国語母語話者の引用表現の習得
　　　　　　　　　―発話コーパス『C-JAS』に基づく縦断的研究」
【日本語プロフィシェンシー研究学会、日本語音声コミュニケーション学会、文部科学
省科研費プロジェクト基盤B「対話合成実験に基づく、話の面白さが生きる「間」の研究」
共同開催研究大会「面白い話と間、プロフィシェンシー」研究発表要旨】
林良子・宿利由希子・ヴォーゲ ヨーラン・羅希・定延利之・仁科陽江・岩崎典子・
五十嵐小優粒
【2018年度日本語プロフィシェンシー研究学会第3回例会　春合宿（柳川温泉かんぽの宿）
研究発表要旨】
山辺真理子・小原寿美・S.M.D.T.ランブクピティヤ・溝部エリ子・小山宣子・立部文崇・
鎌田修・由井紀久子・廣澤周一・池田隆介・定延利之

『日本語プロフィシェンシー研究』 第8号

【日本語プロフィシェンシー研究学会2019年度第1回例会　発表論文】
岩﨑典子　　　「日本語プロフィシェンシーとオノマトペ―ジャンル別プロフィシェン
　　　　　　　　シーへの提言―」
小玉安恵　　　「アメリカの日本語学習者の面白い話の分析―話の構造と評価という観
　　　　　　　　点から見る学習者のナラティブの課題と変化―」
【日本語プロフィシェンシー研究学会・日本語音声コミュニケーション学会 第2回合同
大会　発表論文】日本語プロフィシェンシー研究学会・日本語音声コミュニケーション
学会 第2回合同大会（通称「おもしろうてやがて非流ちょうな京都かな」）プログラム
アンディニ プトリ・松田真希子
　　　　　　　「日本語学習者の面白い話はどう面白いのか―マルチモーダル・コミュ
　　　　　　　　ニケーションの観点からの分析―」
定延利之　　　「自立性が無い日本語「接ぎ穂発話」の意味―語用論」

伊藤亜紀 「教科書で教えられない発話末形式―日本語母語話者と日本語学習者の発話末を観察して―」

秋廣尚恵 「フランス語の談話標識と（非）流暢性」

【日本語プロフィシェンシー研究学会・日本語音声コミュニケーション学会 第2回合同大会　シンポジウム要旨】シンポジウム「文未満の非流ちょう性」

ロコバント靖子 講演：多言語失語症者の夫とのゴツゴツ会話の15年

【依頼論文】

西川寛之・Vu Dinh sam
　　　　　　　「医療現場における日越コミュニケーションの比較―臨床場面の録画データから（採決場面）―」

『日本語プロフィシェンシー研究』 第9号

【寄稿論文】

尹智鉉 「オンライン授業で育てる日本語のプロフィシェンシー　―「Beyond COVID19」を見据えて―」

松田真希子 「「生きたことば」の主体的使い手としてのプロフィシェンシー　―日本語継承語話者のことばの使用から見えるもの―」

【研究論文】

西村美保 「多文化共生社会における母語話者のプロフィシェンシー　―接触場面で必要となるコミュニケーション能力の構成要素―」

堀恵子 「「きっかけ談話」のOPIにおける有効性と応用　―学習者と母語話者のコーパス調査から―」

【調査報告】

世良時子 「コンピューターによる口頭能力測定　―OPIc受験者への質問紙調査、OPIとの比較を用いた分析から―」

【書評】

鎌田修 『自然会話分析への語用論的アプローチ　―BTSJコーパスを利用して―』

『日本語プロフィシェンシー研究』 第10号

【巻頭言】

鎌田修 「プロフィシェンシー研究のこれから　―さらに多元的・多角的視野に立つプロフィシェンシー研究を目指して―」

【調査報告】

稗田奈津江 「「勧誘内容」の違いが断りの意味公式に与える影響　―日本語母語話者とマレー語母語話者の比較―」

【研究ノート】

森川結花 「学習者を対話に誘う日本文化紹介動画教材作成の試み」

—日本語プロフィシェンシー研究学会　2022 年度役員・委員—

会長　　　　　　鎌田修
副会長　　　　　由井紀久子　堤良一
事務局長　　　　東健太郎
副事務局長　　　阪上彩子
会長補佐・企画　定延利之　松田真希子　岩﨑典子
監査　　　　　　野山広
顧問　　　　　　嶋田和子　伊東祐郎

学会誌編集委員会
浜田盛男　岩出雪乃　杉本香　立部文崇　長谷川哲子

『日本語プロフィシェンシー研究』第 11 号査読者（五十音順）
池田隆介　和泉元千春　岩﨑典子　宇佐美まゆみ　鎌田修　坂本正　櫻井千穂
定延利之　嶋田和子　堤良一　當作靖彦　中西久美子　西川寛之　西村美保
廣利正代　由井紀久子

ニューズレター編集委員会
廣利正代　野畑理佳　笠井陽介　渡辺祥子　高智子　森川結花

会計
三井久美子　尾沼玄也

研究集会委員会
白鳥文子　上谷崇之　范一楠

合宿運営委員
上宮真理子

地区連絡委員会
池田隆介　西川寛之　伊藤亜紀　楊帆　林智子　横田隆志

広報委員会
廣澤周一　尾沼玄也

ブラッシュアップセッション検討委員会
上谷崇之　笠井陽介　范一楠

【編集後記】

　当学会は 2023 年度から新体制に移行し、これまでの研究例会に代わり年次大会が開催されることとなりました。その第 1 回年次大会開催に合わせて『日本語プロフィシェンシー研究』第 11 号を送り出せるのは編集委員一同の喜びです。

　第 11 号から定期的に特集を組むことになり、特集論文 4 本と投稿論文 4 本の計 8 本の論文を掲載することができました。一方、投稿論文の募集期間を 2 ヵ月延長した結果、当初予定より学会誌の発行が遅くなりましたが、年次大会に合わせることが出来てほっとしています。

　今後もより良い誌面作りに取り組んでいく所存ですが、会員の皆さま、関係者の皆さまのご支援があっての当学会誌です。引き続きご支援とご協力のほどよろしくお願いいたします。

　なお、第 12 号では聴解関連のテーマで特集を組む予定です。どうぞご期待ください。

（『日本語プロフィシェンシー研究』編集委員一同）

日本語プロフィシェンシー研究　第 11 号

2023 年 8 月 1 日　初版第 1 刷　発行

編集　　日本語プロフィシェンシー研究学会学会誌編集委員会
　　　　（編集委員長　浜田盛男）

発行　　日本語プロフィシェンシー研究学会　事務局
　　　　〒 598-0093　大阪府泉南郡田尻町りんくうポート北 3-14
　　　　国際交流基金　関西国際センター　東健太郎

発売　　株式会社 凡人社
　　　　〒 102-0093 東京都千代田区平河町 1-3-13
　　　　TEL：03-3263-3959

印刷　　倉敷印刷株式会社